知っておきたい

天使・聖獣と悪魔・魔獣

荒木正純 監修
Araki Masazumi

All about
Holy/Evil Spirits,
and
Sacred/Evil Animals.

「知っておきたい天使・聖獣と悪魔・魔獣」

一九六三年に制作されたイギリス・アメリカの特撮映画『アルゴ探検隊の大冒険』は、特撮の巨匠レイ・ハリーハウゼンの最高傑作とされている。そこに七つの首をもつ怪物がキャラクターとして登場する。その名は「ヒュドラ（ヒドラ）」。この怪物は、監督ドン・チャフィや脚本家ジャン・リードやビヴァリー・クロスの想像が生みだしたオリジナルなキャラクターではない。この映画は、ギリシア神話のイアソン率いるアルゴ船探検隊の冒険譚に題材を得たものであった。これ以前、一九三九年にアメリカの作家ヘンリー・カットナーが、『ハイドラ』（＝ヒュドラ）という作品を発表している。これはいわゆる「クトゥルフ神話」（百八十五頁「ダゴン」参照）の影響下で書かれたものであった。本書にもでてくるこの「クトゥルフ神話」とは、アメリカの作家・詩人のハワード・フィリップス・ラヴクラフトの描いた世界をもとに生みだされた神話体系のことである。

カットナーのように、この神話体系に関連する作品群で「ヒュドラ」の登場する作品には、円谷プロダクション製作のテレビ番組『ウルトラマン』の第二十話「恐怖のルート八七」があり、そこの登場する怪獣の名前が「ヒドラ」である。また、宮崎駿が、漫画作品の徳間書店のアニメ情報誌『アニメージュ』に連載していた『風の谷のナウシカ』にも登場し、さらに最近では、「プレイステーション2」用のゲーム『キングダムハーツⅡ』にもでてくる。

本書は、この「ヒュドラ」をひとつの項目として解説している。つまり、本書の基本的コンセプトは、こうしたゲームなどに登場するキャラクターのもともとの出自とその基本的概念を概説するということにある。だから、本来、一緒に扱うことが困難な存在を、「天使」

「聖獣」「悪魔」「魔獣」の標題のもとに一括している。

困難なこととは、「聖」がいかなる意味を持っているか、についてもそのひとつである。「聖」という文字には「けがれなく尊いこと、キリスト教の聖者の名に関する語」という意味が含まれながらも、英訳した場合の"sacred"には「神聖な、神聖視される、神のお使いとしての」という意味が含められる。この英語は「神」もしくは「神聖な存在」にかかわることを示唆している。しかし、「聖」なるものが必ずしも「善」を行うとは限らなく、「聖」が「善」と連動するのは西洋の一神教文化、つまりキリスト教においてである。東洋、仏教においては、神とされる「龍」が「蛇形の鬼神」とされることもあるのだ。

そもそも、「天使」と「悪魔」の項目は、主として西洋のキリスト教、あるいはイスラム教の霊的存在で構成されている。この「天使」の中に、仏教の「梵天」が含められている。これは、国語辞典によれば、「インド哲学における万有の原理ブラフマンを神格化したもの。仏教では色界の初禅天の主として、帝釈天と並んで護法神とされる」とある。つまり、それ自身が「神」であり、「神」の「使い」ではないのだが、「天使」に類似した機能をもつ存在として収録してある。ちなみに、「天使」の英語"angel"の語源は古代ギリシア語で、「使い」のことを意味した。「天」、つまり「神」の「使い」なのである。同じようにいえば、「悪魔」は、「サタン／魔王」の「使い」である。

このように、本書の各項目は、キリスト教の枠にある存在を中心に構成されており、そこにキリスト教以外の多神教的宗教に見られる類似の存在をつけ足すという具合になっている。このことを理解して頂き、本書を使っていただければありがたい。

監修者　荒木正純

悪魔

魔獣……215～253

※本編で使用しているイラストはイメージによるものです。

天使

神の使いとして存在している天使。天使についての記述は様々な書物にあるが、それは西欧だけにとどまらない。世界各地には同等に扱われている存在が多くある。西洋のミカエルを始めとする四大天使から、東洋の飛天まで、天国からの使者は各地において多種多様に存在するのだ。

天使における
エピソード

神々の教えを広める天国からの使者

神と地上をつなぐ存在

「**天使**」という言葉から思い浮かべるものは西洋の壁画、彫刻に描かれる羽根の生えた子供だろうか。それとも若々しい女性だろうか。

天使とは一体、どんな存在なのか。その答えをここで厳格に表記することはできない。それほどに、歴史上様々な説明、表記がされている曖昧な存在なのである。

そもそも天使という考え方自体が、非常に西洋文化圏の影響が強い考えだとされている。古くは**旧約聖書**から、現代では文学やゲームのキャラクターに至るまで多種多様の天使が存在するのだが、しかし、その中でも統一された見解というものはない。同じ**キリスト教**内においてすら、天使の存在を力説する者も、存在を信じない者もいるという。

そのなかで特徴として挙げることができるのが二点。ひとつは神の使いであること。そのもの自身が神ではなく、神の配下としての役割を果たしているのである。

また、もうひとつは若々しく、力強いということ。多くの場合において老いて、弱々しい天使というのは見かけない。

　また、神は人間を土からつくったとされているが、天使においては炎からつくられたとされている。芸術作品において容姿は人間に近く描かれるものが多いが、天使は人間とは全く違う、特別な存在であり、日常からは得られない力や援助を願う存在であることがうかがえる。

各地に存在する天使

　天使についての記述は様々な書物にある。それは西欧だけにとどまらない。天使という考えはユダヤ＝キリスト教世界のものと考えられがちだが、世界各地には神の使いとして同等に扱われている存在が多くある。

　例えば、**仏教**には厳密に西欧の天使と同じといえる存在はない。しかし、本書では仏に仕える使者とした役割が大きいものを選択し、説明している。人々を結びつけ、仏の教えを広める、という点ではその働きは非常に近いものがあるからだ。

　善悪二元論の元となったといわれている、**ゾロアスター教**にも善神**アフラ・マズダー**の配下にも多数の天使は存在し、比較的後世に広がったイスラム教の天使は西洋の天使の影響が非常に強いとされ

天使の名前

　ユダヤ＝キリスト教の天使の名前はヘブライ語に由来するものが多く、それぞれ天使の名前には意味が込められている。

　また、多くの天使の末尾につく「エル（-el）」とは「神」を意味する接尾である。

　キリスト教の聖典に記述されている天使の名前は非常に少なく、多くは外典や偽典、その他の文献にのみ表れることが多い。天使信仰が高まりすぎた際に、多くの天使の名の使用が禁止されるというほどに、その名には力があるとされていた。

ている。

当然、天使の代表格といえる**四大天使**（ミカエル、ガブリエル、ラファエル、ウリエル）の存在は大きく、また、天使の階級について語っている**『偽ディオニシオス書』**や天使の様子について詳細が述べられている**『エノク書』**は、天使を語る上ではずす事はできない。

西洋のミカエルを始めとする四大天使から、東洋の飛天まで、天国からの使者は各地において多種多様に存在するのだ。

エノク書による天国の様子

天使が住むとされているのが天国。エノク書にはその様子が描かれている。

第一天	一番地上に近く、風・雲はここに存在する。ここに住む天使たちはみな天文学に長けていて、自然界の節理を見守っている。
第二天	堕天使たちが審判を待つ暗い刑場である。
第三天	この天国の北は地獄で、邪悪な魂を罰しようと天使たち待ち構えている。ただ、そのほかの部分はエデンの園になっている。
第四天	エルサレムと王国の宮殿がそこにある。乳とワインとオイルの川が周りを流れている。エノクはここで天使たちの歌声を聴く。
第五天	牢獄で、200万の巨大な見守る者たちがサタナイル(サタン)とともに炎の峡谷に閉じ込められている。
第六天	自然界の生態系に詳しい七人の学者天使たちが、天と地の法則を調和させている。天界の研究所といっていい。
第七天	熾天使、智天使、座天使の三体が一緒になって神の座を守っている。そして、たえず神を讃える歌を歌う。
第八天	エノクはここで季節、干ばつ、雨、黄道十二宮を変化させている者を見た。
第九天	黄道十二宮の天の住まいがある。
第十天	エノクはここで神と対面し、神はミカエルにエノクの地上の衣服を脱がせ、輝きに満ちた衣服を身につけさせる。

キリスト教の四大天使
ミカエル

ゾロアスター教の「良心」
ウォル・マナフ

天使の種類

イスラム教の最上位天使
ジブリール

仏教で最も天使に近い存在
飛天

最も神に近い、最強の存在

ミカエル

常に崇拝されてきた人気天使

キリスト教の数ある天使の中で、もっとも崇拝されてきた天使が**ミカエル**だ。前身をたどれば、もともとはカルデアでは神として崇拝された存在だったのが、**旧約聖書**に登場するようになってからはイスラエルの守護天使としてあがめられるようになった。そもそもミカエルという名前の意味は、「神に似たもの」であり、最も神に近い天使と考えられているのだ。そこから、大天使の長を務め、サタンを成敗する天使軍のリーダーでもあると信じられている。

ミカエルほど古典的な絵画の巨匠たちに描かれてきた天使もいないだろう。すらりと剣を抜

豆知識　ミカエルの持ち物

人気者のミカエルは、ヨーロッパの絵画にもよく描かれてきた。戦う天使としての主題では、黄金のよろいをまとい、手には剣を持っていることが多い。この剣は彼のために「神の武器庫」からわざわざ出されたもので、どんな堅い剣でも一刀のもとに断り落とすことができるという。

武装した姿ではなく、天秤を持った姿で描かれることもよくある。これは、ミカエルが死者の魂を霊界に導く役割を持ち、天秤で人間の魂の善と悪の裁きを行うという伝承に基づいているものだ。

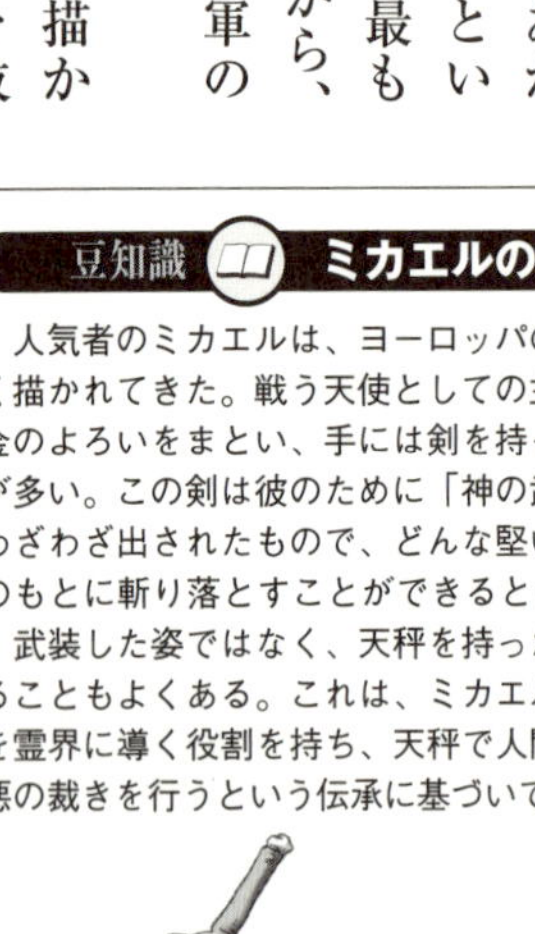

いた天使が竜を退治したり、悪魔をつま先で一蹴している正義の天使ミカエルの姿は、数々の西洋の英雄伝説にも影響を与えてきた。

中世ヨーロッパの教会は、天使崇拝の行き過ぎを何度も規制してきたが、ミカエル人気だけは抑えることが無理だったらしい。ミカエルの休日に繰り広げられるミカエル祭のにぎわいなどを見てもわかるように、民衆の生活にすっかり溶け込んでいたミカエル崇拝だけは、常にお目こぼしを受けてきたそうだ。

悪魔と戦う正義の味方

ミカエルといえば、悪魔と闘う軍神的な天使として知られている。そのためヨーロッパの歴史的な戦争では、わが陣営こそが正義と信じる軍隊の先頭に、ミカエルを染め抜いた旗が翻った。このイメージは現代ヨーロッパにも引き継がれていて、一九五〇年には、ローマ法王によ

ミカエル祭の三つのG

ミカエルは豊穣の天使でもあり、秋（9月29日）にはミカエル祭りが催される。

3G（＝手袋Glove、ガチョウGoose、生姜Ginger）がミカエルのシンボルとされ、中世から、この三つのGはミカエル祭には欠かせないものだった。

ミカエル祭では、左手に手袋をはめるだけで、出店許可証なしに市に店を出すことができる。この手袋を相手に投げつければ、決闘の合図である。

夕食には人々はそれぞれの家でガチョウのローストを食べ、ジンジャーエールを飲むのが慣わしだった。

って、軍人や警察官の守護聖人と正式に認定されている。

このような戦う天使としてのミカエルの像は、単なる民間伝承ではなく、聖書に由来する正統ない伝えによるものである。**ヨハネの黙示録**を読めば、「(人類最後のとき)、ミカエルとその使いたちが、竜に戦いを挑み、投げ落とした。この巨大な竜が、悪魔とかサタンとか呼ばれるものである」という預言が見られる。また**ダニエル書**では「そのとき、大天使長ミカエルが立つ。彼はお前の民の子らを守護する」と書かれている。人類が苦難のさなかにあるとき、強い援軍となって敵と戦ってくれるのが、天使ミカエルなのだ。

少女を導き、勝利へと導く

悪魔との戦いで活躍するだけではなく、ミカエルは信仰の篤き者を手助けする天使としても知られている。たとえば、信仰の父と呼ばれる**アブラハム**が息子のイサクを犠牲に捧げようとしたとき、それを押しとどめたのは天使ミカエルだ。また**モーセ**が見た燃える柴は、ミカエルの化身であったとも伝えられている。
ジャンヌ・ダルクの伝説でも、天使ミカエルが祖国を救うようにと、信心深い少女ジャンヌを鼓舞したといわれている。敵国であるイギリス人にしてみれば、本当に天使ミカエルがフランスの味方になったとは認めたくないだろうが、結果的には百年戦争を終結に導いたことになったことを考えれば、ミカエルが平和のための戦いに力を貸したという見方もできなくないのかもしれない。

ジャンヌダルクとミカエル

15世紀、百年戦争の最中、一人の少女が神のお告げを受けたと、フランスの王太子シャルルの前に現れた。少女ジャンヌは「王太子を救えと、天使ミカエルから命令されました」と名乗り出たのだ。

まさにフランスの存亡の危機に立たされていたとき、王太子はジャンヌの言葉を信じ、彼女をオルレアンの守備隊に加えた。ジャンヌは、戦争を知らない少女とは思えない見事な指揮で、イギリス軍をオルレアンから撤退させたのだった。

しかしイギリスとの和平が成立するやいなや、ジャンヌは捕らえられ、イギリスで魔女裁判にかけられる。裁判は、天使のお告げを受けたということが彼女の妄想の産物かどうかが問題となった。イギリス人は、それが実際の天使だとは認めず、天使を騙った悪魔だったのだろうと信じていた。フランス側の司祭たちは、彼女を救うために、宗教画から得た少女らしい空想だと主張した。そうすれば、彼女は魔女ではなく単なる少女の信仰上の迷いとして、放免されるからである。

しかしジャンヌは、妄想などではなく実際に天使ミカエルが現れたのだと訴え続け、ついに魔女として火刑に処せられたのだ。

神の意思を伝える三大天使の一人

ガブリエル

イエスの誕生を告げる

「おめでとうマリア、主があなたと共におられる。あなたは身ごもって、男の子を産みます」

天使の言葉にマリアは驚いて言う。

「どうしてそんなことがありましょうか？　**私は男の人を**知りませんのに」

（ルカによる福音書より）

クリスマスの季節がめぐるたびに、天使**ガブリエル**が**マリア**に**イエスの誕生**を告げる物語が繰り返し語られてきた。おびただしい数の絵画にもなった受胎告知の天使としてあまりにも有名なのが、このガブリエルだ。

ガブリエルは**ミカエル**についで、西洋で愛されてきた天

男性？　女性？

ガブリエルは、なぜか女性の姿で描かれることが多い。ガブリエルが女性と考えられる理由は、『トビト書』でガブリエルが神の玉座の左側に座していたと記述されているため。昔のユダヤの習慣では主人の左に座を占めるのは女性ということになっていたのだ。しかしもともと天使には男と女の区別はないはずなので、どうもこじつけくさい。やはりマリアに対して行った受胎告知の絵のイメージが強いため、ガブリエルが女性だという言い伝えが生まれたのではないかと考えられる。

使だ。**旧約聖書**にもその名前が現れるのはミカエルとガブリエルだけで、ミカエルと同様、かなり古い時代から存在が知られていたらしい。ガブリエルという名前のもともとの意味は「神はわたしの力」だ。ミカエルのように悪魔と戦うというよりも、神の計画や意思をこの世に伝えるメッセンジャー、啓示の天使という役割をもつ。つまり、神の計画を実行するために戦うのがミカエルなら、神の計画を前もって人間に知らせるのがガブリエルなのだ。だからこそ、イエスや洗礼者**ヨハネ**が生まれるとき、それを神からのよい知らせとして最初に人間に伝えてくれたのだった。

神の意思を伝える役目

ガブリエルがわれわれに伝えてくれるのは、イエスの誕生だけではない。驚くべきことに、この世が終わるとき、つまり終末について前も

知っておきたい ユリとオリーブ

マリアへの受胎告知の場面は、歴代の画家たちの想像力を駆り立てたようだ。12世紀ごろまでは、マリアが糸を紡いでいるところにガブリエルが姿を現している構図が一般的だったが、14世紀ごろになると、マリアが読書しているところにガブリエルが登場する絵が多くなる。このとき、ガブリエルは手にユリの花を持ってマリアのそばに立ったという伝承があるが、ユリの花はマリアの処女性を表現するもの。したがって、ユリの花をマリアのそばの花瓶に描くこともある。古い時代の絵を見ると、ガブリエルが人と神との和解の象徴であるオリーブの枝を持っている姿が描かれたり、天使らしく杖だけを持っていることのほうが多い。ガブリエルがユリの花を持つようになったのは、後代になってからのようだ。

ってわたしたちに教えてくれるのも、ガブリエルの役目なのだ。

ダニエル書では、預言者の前に何度も現れ、「終わりのときに何が起こるかお前に示そう」「この言葉を悟り、幻を理解せよ」と宣言し、幻を見せた。

そしていよいよ**最後の審判**が行われるときには、ガブリエルはラッパを吹き鳴らし、死んだ人々をよみがえらせ、すべての人々に告げ知らせる。こうして、生きるものも死せるものも、等しく最後の審判を受けるのだ。

ちょっと変わったところでは、夢の解説者としての役割もあるようだ。ダニエル書では、ダニエルの見た幻の夢を解説している。あるときダニエルは雄羊と雄山羊の戦いの夢を見た。それをガブリエルが、雄羊はメディアとペルシアの象徴で、雄山羊はギリシアの象徴であると解き明かし、終末における世界戦争についての意味をダニエルに教えたのだ。

妊婦を守る女性的な天使

またマリアに懐妊を告げ知らせた説話から、妊婦の妊娠期間の守護天使としても信じられている。ある伝説によれば、天国のある生まれる前の魂はもともとガブリエルが管理しているのだが、母親の胎内にいる九カ月の間はガブリエルが見守っているのだそうだ。そのためか、ほかの天使に比べると女性に親しまれる傾向があるようだ。また聖母マリアのイメージと混同されて、女性的な天使として描かれることも多い。厳格な裁きを行う天使というより、人々に良い知らせを与える天使なので、ソフトなイメージがあり、特に女性から慕われ、崇拝を集めてきたそうだ。

ガブリエルと教会の鐘

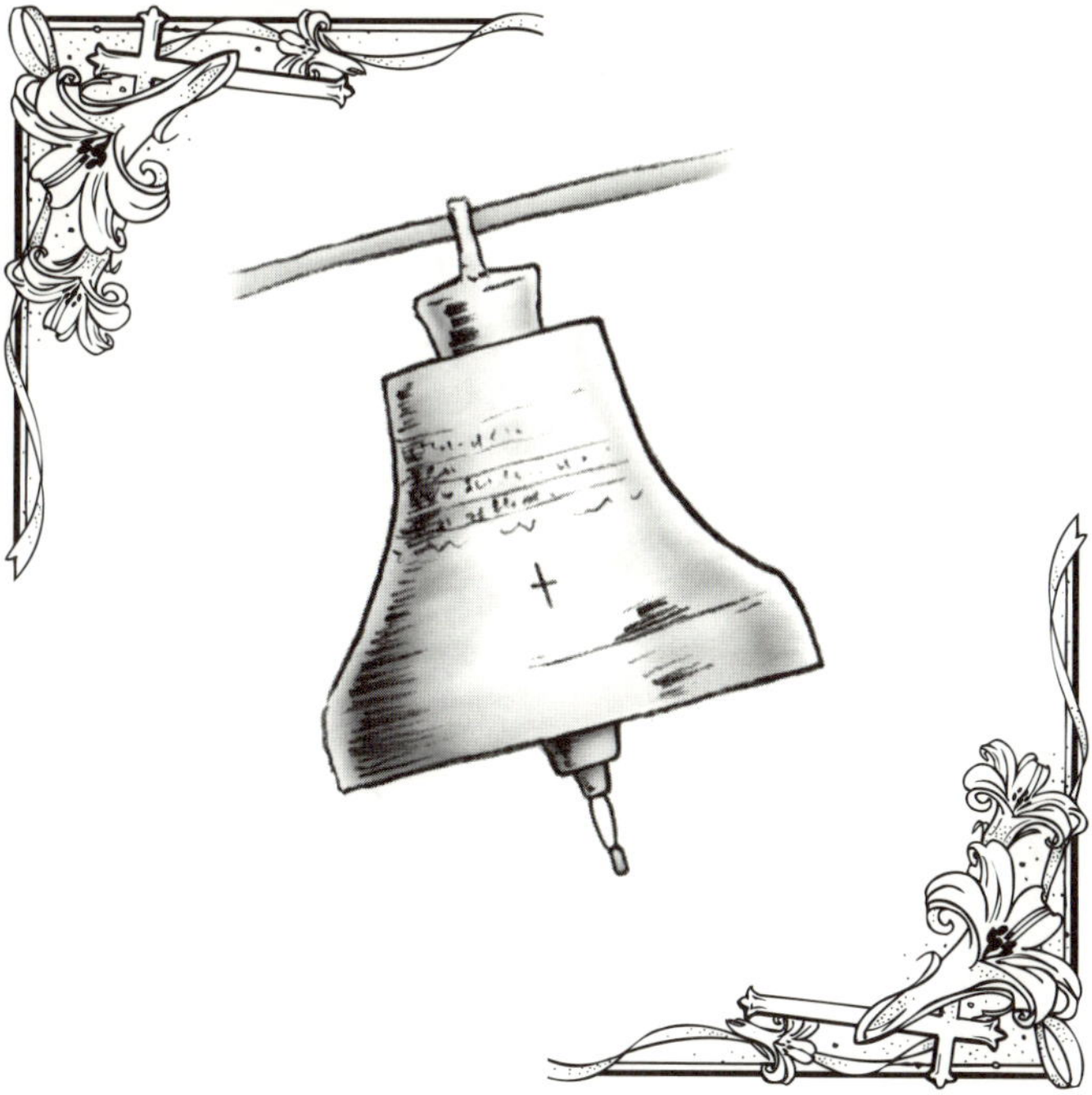

キリスト教の教会には、鐘がつきものだ。一日の決まった時刻になれば、教会の鐘が鳴り響く。西洋的な異国情緒を駆り立てるロマンチックな光景だが、この鐘が天使ガブリエルにちなんで「天使の鐘（アンジェラスの鐘）」と呼ばれていることはご存知だろうか。

この鐘は伝統的には、朝6時・正午・午後6時、一日に三度鳴り響くしきたりだった。時計のない時代には、この鐘の音が一日の仕事の始まりと昼の休み、仕事の終わりを人々に知らせてくれる大切な合図であった。同時にこれは、天使ガブリエルが、聖母マリアに受胎を告げたことを人々に想起させるものでもあったのだ。

夕方この鐘の音が鳴り響くと、信仰深い人々は仕事の手を止める。そして、帽子をとって「天使祝詞」を黙祷するのが常であった。

巨匠ミレーの名画「晩鐘」も、この天使の鐘に祈りをささげる農夫の姿を描いた作品である。ミレーの祖母は信仰深い人で、幼いミレーに、天使の祈りを忘れないように厳しくしつけていた。その祖母が亡くなったとき、ミレーは祖母から受けたもっとも大切な教えをこの名作に託したのだ。

治癒と巡礼の守護者
ラファエル

三大天使の一人

「神が癒したもの」の意味の名を持つ**ラファエル**は、**ミカエル**、**ガブリエル**についで重要な天使だ。聖書がその名前をはっきりと記している天使といえば、ミカエル、ガブリエル、ラファエルの三人なので、ラファエルはミカエルやガブリエルとともに三大天使の一人と呼ばれている。ただしラファエルは旧約聖書では**『トビト記』**に名前が記されているのだが、『トビト記』を正典に含んでいるのはカトリック教会だけ。ユダヤ教とプロテスタントでは『トビト記』は外典として補助的な読み物扱いなので、ミカエル、ガブリエルに比べると、今ひとつ知名度が落ちるようだ。

「神が癒したもの」という名前があらわすとおり、ラファエルは悪魔をはらったり、病気を癒したりする天使としても知ら

巡礼熱

15世紀、天使ラファエルの絵画がフィレンツェで大流行したことがある。1423年サント・スピリト地区のサンタ・フェリチタ修道院に、天使ラファエルが巡礼の姿で顕われ、修道女達の苦難を去らせたという奇蹟がおこったのだ。これを記念してその姿を描かせたのがきっかけとなり、フィレンツェではトビアと天使ラファエルが旅をしている絵画を描くことが大流行したそうだ。もともと交易が盛んだった都市である。旅路にある家人の無事を祈って、人々は競って画家たちにラファエルの天使の絵を書いてもらったいたのではないだろうか。

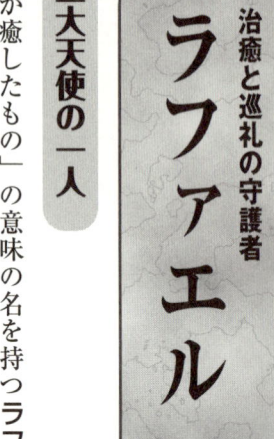

れてきた。天使と格闘して傷を負った**ヤコブ**を治療したのはラファエルだという言い伝えがある。また、**アブラハムの割礼**の痛みを癒したとも伝えられている。別の伝説では、大洪水の後、**ノア**に医学書『セフェル・ラジエル』を与えたのもラファエルなのだそうだ。

治療を担う天使

新約聖書ではラファエルという名前は直接には出てこないのだが、『**ヨハネによる福音書**』の五章で語られている「ベトサダの池で水を動かして癒しを行う主の天使」が天使ラファエルだと信じられている。エルサレム

ラファエルの杖

ラファエルは水筒と杖を持つ巡礼姿で描き表されている。これは中世の巡礼のときの定番ルックでもあった。聖地に旅立つ人々は、教会で杖に聖水をかけて旅の平安を祈ってもらう、特別な儀式があった。

巡礼は、情報が限られていた中世の人たちにとって、野良仕事から解放され、故郷を離れて見知らぬ土地で珍しい風物と接することができる数少ない娯楽でもあった。そして、旅の恥はかき捨てとばかり、ついつい旅先で深酒をし、羽目をはずすのは昔も今も変わらない。ときには乱闘が起こることもあり、巡礼者が杖を振り回して相手に大怪我を負わせたり、建造物をこわしたりすることもあった。そのために、教会が巡礼者に杖を持つことを禁止した時期もあったそうだ。

の羊の門の傍らに、「ベトサダ」と呼ばれる池があり、その池が風でさざなみを立てるとき、病人やけが人たちは競って水の中に入る。そのとき一番最初に水に入った者が癒されるという民間信仰で、古代のイスラエルでは長く信じられてきたものだった。

このように、ラファエルが治療にかかわる伝承は非常に多く残されている。十八世紀後半、修道女マリア・フランシスのもとに天使が現れ、彼女の病気を癒した。そのときに現れた天使がラファエルだったと、周囲の人たちは証言している。

旅人たちの守護者

有名な『トビト記』では、父の言いつけでメディアからニネヴェに向けて旅をするトビアに同行して導いている。そんな物語から、ラファエルは巡礼の守護者としても名高く、ことに中世社会で商用や巡礼で各地を旅する人々から広く崇拝されてきた。

ある文献には「地上が人間たちの住処となったのはラファエルのおかげである。ラファエルは地上を癒す役目がある。また人間を癒すのも彼である」と書かれてあるのだが、この文はラファエルの性格をよくつかんでいる。生れ落ちてから死につくまで、この地上で活動している人々を守り、生きるための知恵を授け、ときには自ら病から癒して助けるのが天使ラファエルなのだ。いわばラファエルはすべての生活者の守護者で、他の天使に比べると、どこかしら庶民的で親しみやすい部分がある。

ちょっとかわったところでは『**エノク書**』のように、冥界を旅する人の案内者として紹介しているものもある。死出の旅路でも、ラファエルはよき同伴者として人間を守ってくれるらしい。

トビト記

『トビト記』はナフタリ族アシエルの家系のトビトとその家族の物語である。トビトは実直な人柄であったが、アッシリアの捕囚となり、ニネベの町で妻子と孤独な日々を過ごし、ある日全財産を奪われた挙句、失明してしまう。他方、トビトと同じ一族に属する血筋で、メディアのエクバタナに住むラグエルの若い娘サラも、ひどい災難に見舞われていた。悪魔に取り付かれ、7人の男と結婚しようとしたが、結婚の初夜を迎えるたびに、どの男も悪魔に殺されてしまうのだった。

トビトとサラの祈りを聞き、ラファエルは二人を哀れんだ。そして、トビトの息子トビアとサラを結婚させるために、人間の姿で地上に降り、トビアの前に現れた。ラファエルは、自分はトビアの親戚のアザリアという男だと名乗った。トビアとラファエルは、旅立つことになった。

その途中、トビアは川で大きな魚に飲み込まれそうになったが、ラファエルは魚を取り押さえ、トビアを救う。そして、トビアに、魚の心臓と胆のうと肝臓を取り出すように勧める。胆のうはトビアの父トビトの失明を治す薬として、心臓と肝臓は、サラから悪魔を追い払うためであった。

ラファエルの教えにしたがって、トビアはサラの家へ行き、香をたいて、魚の心臓と肝臓をその上に置いた。するとサラに憑いていた悪魔が逃げ出し、ラファエルはあとを追い、悪魔を捕らえて縛り上げた。こうしてトビアは首尾よくサラを妻に迎えた。

そして、サラの両親から全財産の半分を相続し、父の待つ家に帰る。今度は魚の胆のうで、父トビトの目を治す。喜びに沸き返るトビト親子が、不思議な同伴者ラファエルに謝礼をしようとするが、ラファエルは辞退する。ラファエルは、「今だから言うが、トビトよ、あなたが祈り、サラが祈ったとき、その祈りが聞き届けられるように、神のみ前でとりなしをしたのは私だったのだ。私は天使の一人、ラファエルである」と正体を明かし、驚くトビトとトビアの前で、天に昇っていった。

ウリエル

アメとムチを使い分ける聖書外典のヒーロー

様々な顔を持つ八方美人的天使

「神の炎」または「神は我が光」という意味に例えられる**ウリエル**は、雷と恐怖を司る天使としても知られ、ミルトンはその叙事詩『**失楽園**』において〝太陽の統治者〟の称号を与えている。彼は聖書の正典には登場しないものの伝承や外典では非常に重要視されていて、**ミカエル**、**ガブリエル**、**ラファエル**とともに、**四大天使**の名をほしいままにする。四大天使とは神の座を取り巻く天使のことで、とりわけ彼は預言の解説者の立場にある。

神の使いとして様々な役どころで登場し、最上位の天使である熾天使・智天使、太陽やタルタロス（ハデス）の支配者。七人の大天使の首座、死の天使、平和の天使、さらには大地の天使など、彼に関する記述は様々なところで展開している。神学者や外典、宗派などによって、様々なウリエル像が生まれた。ソドムとゴモラに遣わされた破壊の天使も彼だったといわれる。

言葉の説明　割礼

ユダヤ人の重要な宗教儀式で、8日目に男児の性器の皮を一部切り取ることを指す。旧約聖書に基づいて、ユダヤ教指導者であるラビの立合いのもと行なわれる。ちなみに、イスラム教の一部の国では女児にも施すといわれるが、死に至る場合もあり、人権擁護団体から禁止を求められているのが実情である。

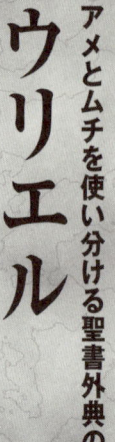

厳しさの中にも優しさがある天使

象徴として「炎の剣・盾」が挙げられるように、智天使としての彼はエデンの園の番人として立ちはだかり、炎の剣を振りかざして訪れるものを震え上がらせる。**「最後の審判」**の日には、タルタロスの門を開き、魂を審判席に並ばせる役目も果たして、罪人の魂を処罰する役目も仰せつかっている。

ペテロの黙示録には処罰に関する詳細が書かれている。タルタロスを取り仕切って、罪人を永遠の業火（地獄の火）で焼いたり、神に対して不敬をはたらいた者を舌で吊って火あぶりにさせたのはウリエルであり、厳しさをもって罪人に罰を与えることが知られている。

預言者**エノク**によると、幾層にもなる天国を案内したのはウリエルだとされ、案内役をつとめたとされている。また、息子の割礼の儀式を見守らなかった**モーセ**を懲らしめる「慈悲深い天使」としても紹介されている。

天使か人か聖人か

旧約聖書偽典の**「ヨセフの祈り」**では、ウリエルは兄を出し抜いて祝福を受けたヤコブと格闘した闇の天使とされるが、そのときのヤコブによる

もっと知りたい　ウリエルと自然科学

イギリスの詩人ミルトンは、叙事詩『失楽園』の中で、ウリエルを「太陽の摂政」とか「統率者」といった表現で崇め、「天国でもっとも鋭敏な視力を持つ霊」と記述している。また、『エノク書』においては「雷と恐怖を見張る」と記述されているところから、あらゆる自然科学の秩序を司っている天使であることがわかる。ミルトンの生きた17世紀当時、イギリスに自然科学ブームが起こり、あらゆる法則を自然科学で証明しようとしたが聖書の世界にもおよび、一大センセーショナルを巻き起こした。

と、彼がメソポタミヤからやって来たとき、神の使者ウリエルが舞い降りて、「私は人間たちの中に住みかをつくるため地上に降り、ヤコブという名で呼ばれる」と述べたという。この文はヤコブとの格闘の後、ウリエルが人間になったと解釈しなければつじつまが合わない。つまり、人間になった史上初めての天使として注目されるのはこの点である。

しかしこのような伝承により、七四五年のローマの教会会議では糾弾され堕天使の烙印を押されてしまう。これは民間で加熱しすぎた天使信仰を押さえるためだった。その後「聖ウリエル」つまり聖人として復権を果たした。このことが現在のウリエルの印象を強くしている。つまり、ウリエルが開いた手のひらに炎をともした姿で描かれることが多いのは聖人ウリエルの姿なのだ。

ウリエルとメタトロンの関係とは

旧約聖書の中で、神は地上に増えはじめた人間の悪行に目を見張り、このありさまを洪水で滅ぼすと農夫ノアに告げ、箱舟の建設を命じるが、その伝え手になったのもウリエルだったといわれている。ノアとその家族は一生懸命言いつけを守り、伝道して大洪水が来ることを人々に知らせたが、耳を傾ける者はいなかった。ウリエルはどの天使よりも鋭敏な目と洞察力、直観力をもつ。

実は、ノアのもとにウリエルを派遣したのはメタトロンであるとエノク書では記述されるが、ウリエルとメタトロンはユダヤの秘教を人間に贈った恩人として崇められている。彼は人類のために預言を読み取り、悪と正義に関する説教をしたとされている。この辺の話は、実は錬金術を人間に解いたとの見方もあり、実用性の高い天使だったのかも知れない。

ウリエルとノアの洪水

ウリエルは農夫ノアに大洪水の訪れを告げ、箱舟の建設を命じる。

神の言いつけにより箱舟を作ったノアは、完成させると家族とその妻子、すべての動物のつがいをそれに乗せた。

聖書によると洪水は40日40夜続き、地上に生きていたものを滅ぼしつくし、150日たってやっと引き始めた。その後、箱舟はアララト山に留まり、鳩を放すことにより水がひいたことを知る。

実はこの伝説上の大洪水が実際起こっていたということが科学的な調査によって明らかになってきた。その当時の地層がそれを物語っているわけだが、神は人類の悪行を文明開化による自然破壊になぞらえ、森林伐採から大洪水を起こさせたと見る向きがある一方、大きな隕石や彗星などが地球に衝突したことによる反動で水蒸気が発生し、大雨が続いたと見るのが一般的になっている。いずれにしても「神のみぞ知る」である。ちなみに箱舟の大きさは長さ300キュービット（一キュービットを50センチメートルとすると、約150メートル）、幅が50キュービット（25メートル）、高さが30キュービット（15メートル）であった。これは大型客船に匹敵する巨大な舟だったことがわかる。実はこの30・5・3の長さ・幅・高さの割合は、大型船の理想的な比率である。

天使界のトップに立つエリート中のエリート集団

セラフィム

厳しさと慈悲深さを併せ持つ天使

偽ディオニュシオス書の天使の階級によれば、熾天使**セラフィム**は最上位の階級に位置し、神に最も近い存在として記されている。セラフィムという名は、ヘブライ語の「破壊する」とか「焼却する」などの意味からきている。それは、玉座の上に立つ天使として、神の荘厳さをあらわすイメージにぴったりの名前であるといえよう。また一方では、「火を作るもの」「暖かさをもたらすもの」といった愛情をもたらす意味合いもあり、神の慈悲深い一面を伝達する天使の役回りも兼ね備えている。

中世の象徴化されたセラフィムには言い伝えと同じ三対の翼があり、炎の剣を持って赤く表現されていた。これは人間に愛をもたらすものとしての象徴である。また、十三世紀に描かれたヴェネチア、サンマルコ寺院のセラフィムのモザイク画では、人の顔のほかに獅子や鷲、

豆知識　ヘブライ語

ヘブライ語はヘブライ人（ユダヤ人）が使用する言語で、いわゆる“セム語派”に分類される。セムとはノアの三兄弟の長子であるが、バベルの塔の逸話によりアラビア半島一円に広まった人々の祖である。ちなみに次のハムはアフリカに住むものの祖先、ヤペテはヨーロッパ人の祖先とされている。

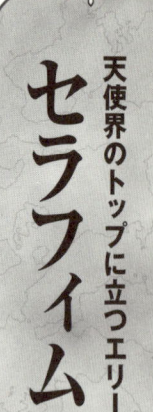

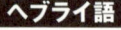

雄牛の顔があり、炎の車の上に立つセラフィムが描かれている。ユダヤ教、キリスト教の天使である。

三大預言書から見る熾天使

セラフィムの姿は預言者**イザヤ**と**エゼキエル**によって民に伝えられた。旧約聖書の三大預言書のひとつである『**イザヤ書**』では、玉座にいる神のうえを六枚の翼をつけた天使が舞っているのを目撃されている。その天使は、神の強烈な光から身を守るため、二枚の翼で顔を覆い、もう二枚は足を覆って残りの翼二枚で飛んでいるという。彼らはお互いに呼び交わして、「聖なる、聖なる、聖なる、万軍の主。その栄光は全軍に満つ」と言っていたという。これはまさに熾天使セラフィムの人間に近い姿としての言い伝えであるが、目撃したイザヤは、神の畏れ多さに自分の穢れを認識したという。

神の周りを羽ばたくととらえがたい存在

「**エノク書**」によると、世界には四方位の風に対応した四人の熾天使がいるという。一つで天国全体を覆うほどの翼を

もっと知りたい　三大預言書

イザヤ書・エレミヤ書・エゼキエル書を三大預言書といい、旧約聖書に認められた預言者たちの言葉が込められている。預言者とは、まさに神の言葉を預かり、人々に伝え広める者のことで、ヘブライ人の宗教的指導者たちが預言者といえる。

預言者の同音異義語に予言者があるが、こちらはいわゆる予言（将来のことを言い当てる）であって、神の言葉を預かる預言とは違う。

六枚持ち、それら翼はすべて同じ大きさ、どの熾天使も頭が四つあり、それぞれに顔が四、つまり十六面が四方を向いていて、想像を絶する輝きと明るさの中にある。それで周りの天使たちも顔を上げることはできない。

そのほか熾天使は、聖書の外典や儀典に多く記述が確認できるが、光り輝いてはっきり見えないためか特定の描写がなく、天使の中でも高官で、エリート的な意味合いでとらえられている。ただ智天使と同様に、常に神の御座の周囲を飛翔し「聖なるかな、聖なるかな、聖なるかな」と唱え続け、神の栄光をたたえる聖歌隊の一員であることには違いはないようだ。

熾天使を率いる者

この熾天使を率いるリーダーに**セラフィエル**がいる。彼は座天使の一員でもあり、メルカバの支配者でもある。エノク書では巨大で華やかな天使として紹介され、身の丈は大七天国の高さに匹敵し、顔は天使だが体が鷲のようで、明けの明星のように美しく、稲光がしている。さらに体中に無数の星のような目があり、頭には世界全体ほどの大きさのサファイアを乗せている。

そのほかこの熾天使を支配するものに**ミカエル**、**ジャオエル**、**メタトロン**、**イェホエル**、そして、堕天する前の**サタン**がいるが、イェホエルはメタトロンの別名とされ、ジャオエルはメタトロンの初期の呼び名とされ、セラフィエルと同じ熾天使長である。彼は天国の歌をうたうのを得意とする聖歌隊のリーダーでもある。ルシファーやベルゼブブも、堕天する前は燭天使であったとされる。

セラフィムの姿

旧約聖書の『民数記』では、セラフィムは火を噴くヘビしても登場している。虐げられたヘブライ人たちを連れだったモーセは、民からの反感をかっていた。それを見た神が「燃えるヘビ」を遣わし、ヘビは多くの民に噛みつき殺してしまう。民は侘びを請い、モーセも民のために祈ると神がモーセに告げる。「燃えるヘビを作りそれを旗ざおの上につけよ。すべての噛まれた者はそれを仰げば生きる」と、そこでモーセは青銅のヘビを作り旗ざおの上に付けた。すると、噛まれた者はヘビを仰ぎ見て息を吹き返したという。

熾天使を支配するものたち

ケルビム

"知恵者"とは裏腹に、勇猛果敢な天使

最もポピュラーで身近な存在

偽ディオニュシオス書の天使の階級では智天使という二番目に高い位の天使が**ケルビム**だ。「ケルブ」の複数形で表される。語源としては「知恵者」とか「仲裁者」という意味の「ケルーブ」から来ていて、古代メソポタミアの言葉で「翼をもった守護神」という意味もある。これは、雄牛や獅子の体に人の頭をもつ門番の役目をするもので、いわゆる**スフィンクス**である。

このように智天使は、はじめは天使としての性格はなかったが、それ故に旧約聖書に登場する回数は非常に多く、偉大かつポピュラーな存在として知られている。実は智天使は、聖書に最初に登場する天使でもある。神は**エデンの園**の東にケルビムと燃え上がる剣を置いてエデンを守ったと『**創世記**』にあるし、『**出エジプト記**』では十戒が刻まれた石板を納めた契

豆知識　ソロモン王

旧約聖書「列王記」に登場するイスラエル王国3代目の王。ダビデの息子。エルサレムに神殿を築いた。約40年にわたり国王として君臨し、経済的にも安定した国づくりを行ったが、のちに分裂の要因をつくってしまう。知恵者のシンボルとしても知られる。

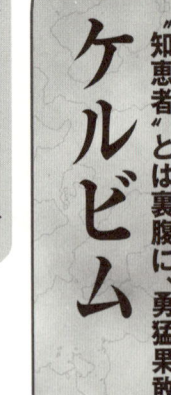

約の箱の上に、槌で打って作った純金のケルビムを据え付けるようモーセに命じている。

さらに『**列王記**』には、**ソロモン王**が神殿をつくった際にやはり一対のケルビムを内陣に据えたという表記がある。しかもここでは約五メートル四方の大きなものである。

天使としてのケルビム

『**エゼキエル書**』では天使としてのケルビムの記述が克明に残っている。それは、神の玉座を操る存在で、座天使の御者としてのケルビムである。

エゼキエルが座天使スローンズの上に立つケルビムの姿を目撃している。彼が見たのは**バビロンの捕囚**の後で、そのときの記述はこうである。

「私が見ると、ケルビムのそばに四つの輪があり、一つの輪はひとつのケルビムに他の輪は他のケルビムにそれぞれあった。その輪は緑柱石の輝きのように見えた。それらの形は四つともよく似ていて、ちょうど一つの輪が

もっと知りたい 出エジプト記

大預言者モーセの誕生に始まり、苦難に満ちたエジプトからの脱出と十戒および律法の制定に幕を閉じる40章に及ぶ物語。

紀元前10世紀以前、エジプトに移り住んだイスラエル人（ヘブライ人）が、圧政に耐えながらも力を強めていったため、それを懸念した王がイスラエルの民の男子を葬るようしむけた。隠し育てられたモーセはやがてパピルスの舟に乗せられてナイル川の茂みに置かれました。そこへ王女が通りかかって彼を拾い、後に引き取るといった。成長したモーセは、同胞のイスラエルの民が虐待されているのを見てエジプト人を殺害し、羊飼いとして隠れて暮らしていた。しかしある日、神からイスラエル人を約束の地カナーンへ導く使命を受ける。こうして彼の預言者としての活動が始まる。イスラエルの民を引き連れたモーセは、奇跡に助けられながら荒野をさまよい、放浪の末にシナイ山で「十戒」を授かるのである。

他の輪の中にあるようであった」。
天使として表現されるケルビムは、スローンズときっても切れない関係にある。それは彼らが行くときはその四方に向かっていき、決して向きを変えなかった。それは神の尊厳を導く責任を負っているからである。その背中や手、翼、さらには四つの輪にはその周りに数え切れないほどの目が付いていた。そして、彼らにはそれぞれ四つの顔があり、第一の顔はケルブの顔、第二の顔は人間の顔、第三の顔は獅子の顔、第四の顔は鷲の顔であった。そしてケルビムは飛び立っていったという。

智天使を率いる者

智天使の長はケルビエル、オファニエル、リクビエル、ラファエル、ガブリエル、ゾフィエル、堕天する前のサタンがいる。特にケルビエルは智天使の支配者で、『**エノク書**』によるとこうある。

「七つの天国と同じくらい大きな存在であり、体は火のついた石炭で満ち、口からは猛火の舌と猛烈な炎を噴き出す。顔全体が燃え上がり、目は火花のように血走って、まつげはまるで稲妻である。頭には稲妻でできた聖なる冠を戴き、シェキルナーの弓を肩にかけている」。

このケルビエルが動くと、どこに行くにでも雷鳴と地震が付いて回るという。

守護天使

人が生を受けてからこの世を去るまで、その人を見守り続けている天使。守護霊という考えは洋の東西を問わず存在するが、守護天使は特にキリスト教において重要視される概念である。守護天使の役目は、その人個人を守ることにあり、魂を救い、神の伝えを届ける役目をつかさどる。1人の人間に2人の守護天使がいるとされ、右側には人を善に導き、左側には悪に誘う天使がいるとされている。

動物の形をした神々たち

古代の物語には人頭獣身のものが多く登場する。現代ほど人間と神、動物の境界線がはっきりしていなかったからなのかもしれない。

ベルゼブブ

蝿の姿をした悪魔として有名。ルシファーに次ぐ実力を持つといわれている。

ケルビム

智天使。雄牛や獅子の体に人の頭をもつといわれたり、ケルブや人、獅子や鷲など4つの顔を持つといわれている。

セイレーン

ギリシア神話において、上半身が人間の女性で下半身が鳥の姿をしているとされている海の怪物。

スフィンクス

エジプトの守護者。体はライオンで頭は人間。王の墓を守り続けている。

スローンズ

平和と従順さがウリの神のお休み処

神の威光をたたえる玉座としての天使

天使の階級の三番目の地位を占める天使が座天使**スローンズ**。熾天使、智天使とともに神のすぐ近くに仕え、その威光を他のものに伝える役目をになう。〝座〟という響きには〝審判の座〟という神聖なイメージが漂ってくる。

預言者**エゼキエル**が見た幻視の中に、座天使スローンズに関する貴重な記述がある。それは、智天使のかたわらに車止めの付いた二重の車輪が四輪あり、緑柱石のように輝いている。智天使と座天使は、どの方向

豆知識 メルカバ

神秘主義の一つの形態で、神の祥天を手助けするリズムを表現すようなもの。転じて神の玉座を運ぶ戦車のことを指す。現代でもこの言葉は活きていて、イスラエル国防軍の主力戦車が“メルカバ”である。

にも同時に動き、稲妻の光とものすごい音をともなっていた。サファイアのように輝く王座は火に包まれており、神の威光を示している。

いろいろな呼ばれ方をする座天使

座天使と同等視されるのが**オファニム**と**ガルガリム**である。オファニムはメルカバの天使で、車輪の形をして多くの目を持っている点では今までの記述と変わらないが、目には金星の輝きがあり、翼もあわせ持ち、羽衣の左には七十二個のサファイアが、冠には四個のエメラルドがはめこまれ第七天国を照らし出しているという。その美しい輝きに誰一人としてはっきりと姿を見ることはできない。ちなみにガルガリムは、オファニムの後の呼び名である。

神を運ぶ役割

“神の玉座の天使”というとケルビムと混同しがちであるが、エゼキエル書ではどちらにも神を運ぶ天使という表現がある。どうやらケルビムは御者役で、スローンズは戦車そのものだったと見える。

偽ディオニシオス書について

天使九階級を唱えた偽名の著述家がディオニシオスだ。天使の階位とは何なのだろう?

『天上位階論』に基づく九つの階級

偽名の古代ギリシアの著述家で、キリスト教神秘主義や天使について研究を後世に残した。特に『天上位階論』では、天使の世界を九つの階級に分け、聖書や外典を尊重しながら三つの位階でそれを括った。つまり、「統一と完璧さをつかさどる」第一の位階、「啓蒙をつかさどる」第二の位階、「浄化をつかさどる」第三の位階である。どのような天使でも、自分より低い階級の力は備えていて、逆に自分より高い位の力はもっていない。

各位階の特長とは

その中でも天使の頂点に立つ第一の位階は、神とじかに接することができ、三人の天使は常にしっかりと結びついて神を讃える歌を歌う。

上から二番目の位にあたる第二の位階の天使たちは、神からの伝達を受け、目下のものたちに天使としての啓蒙思想を植えつけるのが役割だ。天上の意向を下に伝える。

そして、第三位階の天使たちは下界の浄化を目的に配置され、神からの教えをそのつど人間たちに啓示する。神の言葉をかわるがわる伝え、天使としてのあるべき姿を諭しているのだ。つまり、人間に最も近く、なじみのある天使はこの位階の天使といえる。

天使の数とその姿

偽ディオニュシオス書は、聖書から引用で、千の千倍とか十万の十万倍という表現で天使の数に見当をつけた。当然はっきりとした数はわかるはずもなく、天文学的な数としてとらえていたことがわかる。

特に、第一の位階の天使について言えることであるが、偽ディオニュシオス書は、天使を「炎や稲妻の化身である」というそれまでの表現を尊重し、人間にとって最も尊いもの、恐れ、恵みといったことを神聖化する。また、天使はそもそも目に見えないものであるが、人間の姿に描くことも大切だと説いている。さらに、自然に合致したもの、風や雨、雲などの自然現象に天使をなぞられることも良いとしている。

階級	名前
第一の位階	熾天使（セラフィム） 智天使（ケルビム） 座天使（スローンズ）
第二の位階	主天使（ドミニオンズ） 力天使（ヴァーチュズ） 能天使（パワーズ）
第三の位階	権天使（プリンシパリティーズ） 大天使（アークエンジェルス） 天使（エンジェルス）

メタトロン

天界の第一人者、神の側用人

旧約聖書の儀典『エノク書』の筆者

ユダヤ教の天使の一人。『**創世記**』によると**メタトロン**の前身**エノク**は、**ノア**より以前、**アダム**より七世代後の族長で、長生きの部族の血筋に当たる人だった。「エノクは神とともに歩み、神が彼を取られたのでいなくなった」とそこにあるので、かなりの威厳と栄光に讃えられた人物だったと言っていい。彼は少なくとも一度以上は天国まで往復し、幻視体験をしている。そこでは天国と地獄の法則から宇宙の神秘を学び、近い未来ノアの大洪水や「最後の審判」などの起こることを見聞し、地上に戻って人々に預言する。

神に次ぐ者としての天使

ユダヤの伝承の中でも最も偉大な天使の一人で、神に次ぐ天使と

豆知識　生命の樹

「生命の樹」は、旧約聖書の『創世記』でエデンの園の中央に植えられた木のことを指し、カバラというユダヤ教の神秘主義で唱えられる教義では「セフィロト」ともいう。禁じられた樹の実を食べた人間に対する教義がそこに秘められている。

そこでは10本のセフィロトが梯子のように並ぶ形になり、各セフィロトを支配する天使や悪魔の階級が決まっている。そしてそこから発する小径が22本あり、すべてがその小径により結びついている。

崇められている。彼は直接神が手を下し天使にしたことから、第七天国に身をおきながら天と地のすべての事柄を記録していた。そして、人間たちに神の威光を啓示したことが伝えられている。

「メタトロン」という名前の語源は不明な点が多い、あるいはその名前自体に暗示が隠されているやに思われる。一節によれば神の名前のひとつであるといい、「支配者に次ぐ者」「第二の玉座」「神にはべる者」のギリシア語に相当するとも言われる。

エノクがメタトロンに

エノクが床に就いているとき、太陽のように輝き、目が燃え、口から火を噴く二人の天使が紫の衣服を着て、黄金よりもっと明るい輝きをもった翼をはためかして登場し、中から雪よりも白い手を出してエノクを連れ出そうとする。エノクは恐怖に震えるが、「神からの使いであるから心配はいらない」と告げられる。エノクは七つの天国とそれに対になる七つの大地を案内され。それらは鉤でつながっている。七番目の天国を越えたところに、さらに神聖なる三つの天国が出現する。

エノクは神の御前にて宇宙の節理と天地の創造、人類の堕落に至る様々なことを学び、息子たちと他の人たちにも伝えるために、30日間地上に降ろされた。それが終わると神はエノクを連れもどし、彼に無数の目と36対の翼をあたえメタトロンに変えた。

マンション「ヘブン」の管理人

アナフィエル

天界の管理人としての役柄

アナフィエルは、アンピエル・アナピエルとも呼ばれる天使で、「神の技」、「神から派生した者」という意味が込められている。また、メルカバの八天使の長でもあり、水を支配する者、第七天の大広間の鍵を所持する者、さらに刻印を管理するものとして知られ、「名誉と栄光に包まれた恐ろしい支配者」との記述がある。

メタトロンに鞭打ち六十回

「アナフィエルの偉大さは、神の威光が天を包むようであり、地球を覆うようであった」と**メタトロン**が述べているが、神の側近中の側近であるメタトロンが、その神からお叱りを受けたときがあった。

知っておきたい 刻印

天使そのものの存在を証明するシンボル。または宇宙の惑星や星座を表す印のこと。呼びたいものの名前を唱えるときに用いられる。天国の七つの館に入るには、それに見合った刻印を用意しなければならない。

これは神の寵愛を一身に受けたメタトロンをねたむ天使たちの目をそむかせるゼスチャーかもしれない。

日本でいう歌舞伎の〝勧進帳《かんじんちょう》〟といったところだが、この〝鞭打ち六十回〟の刑を執行したのがアナフィエルである。

アンピエルとしての天国でエノクを案内する

エノク書によれば、アナフィエルはエノクの天国での案内役とされているが、実は古い言い伝えで鳥を保護する天使との記述がある。

これは正確にはアンピエルとしての役どころで、それによると彼は第六天国に住んでいて、七十の冠を地上からの祈りに見立ててかぶり第七天に運んでいる。

このことからアンピエルがエノクを天国の案内人とする所以になっている。

聖パウロ

初期キリスト教の最も重要な人物であり、新約聖書の著者の一人。

新約聖書の『使徒行伝』によれば、若いころ熱心なユダヤ教徒の立場から、キリスト教徒を迫害する側についていたが、旅の途上において、復活したイエス・キリストに出会うという体験をし、目が見えなくなった。イエスの弟子アナニアが神のお告げによってパウロのために祈ると、目からうろこのようなものが落ちて、見えるようになったという。このことは「目からウロコ」という言葉の語源になっている。また、これによりキリスト教に回心した事件を「パウロの回心」といって今に伝えられる。

天地創造のライター

ラジエル

頭脳明晰、神の記録担当天使

ラジエルはレジエル、アクラッツエル、ガリツル、ラシエル（ラツィエル）、スリエル、サラクエルなどの別名を持つ。その意味するところは「神の神秘」、「神の秘儀」で、「秘密領域の天使」、「秘儀の長」とも称される。

神前の**七大天使**のうち、特定されていない三天使の一人。座天使の長でもある。彼はその役どころから、常に神の側近として玉座のそばに立ち、語られる天界の奥義をすべて漏らさず聞いて、すべてその知識を脳裏に秘めているのである。

『ラジエル書』は光り続けた

伝説によると、ラジエルは**エデンの園**を追われた**アダム**に同情し、『**ラジエル書**』を渡した。しかし、天使たちの妬みをかい、奪われて、海に捨てられてしまう。そこで、海を支配する天使**ラハブ**（デーモンであるとの指摘も）が神の命により探し出し、無事にアダムに返した。その後、アダムの

子孫である**エノク**に渡り、エノクが**ヴレティエル**から口述され『エノク書』をしたためるときに参考にされた。

その後も、この本は人から人へと受け継がれる。**ノア**は『ラジエル書』に記されていた記述をもとに箱舟をつくって大洪水の難を逃れる。**アブラハム**の手を経てエジプトに伝えられ、**モーセ**はこの書とともに出エジプトに成功する。

この書の影響は極めて大きく、古代文明建設の一助となったのは間違いない。また、アフリカで未だに魔術が人々の生活に深く浸透しているのは『ラジエル書』の影響によるものだといわれる。この書は最終的にイスラエルの王**ダビデ**の手を経て**ソロモン**に渡り、さらに伝説的なエピソードを残してその後紛失してしまう。

『ラジエル書』の顛末

神の側近としての地位を活かし、天界のみならず地上における様々な知識、多くの秘密、あらゆる奇跡、魔術の仕組みを1冊の書物をあらわしたのが『ラジエル書』である。その内容は実に1500項目以上に及ぶと言われ、天と地に秘められた謎を解くカギも隠されていた。しかもそれは、彼だけにわかる文字で記されているので、人間はおろか仲間の天使ですら解読は不可能とされた。ところがどう解読されたのか、『エノク書』は『ラジエル書』から得た知識を基にしているといわれる。

ラジエル書をアダムに渡す

天使に奪われるが、ラハブにより海から拾い出され再度アダムに渡る

エノク、ノア、アブラハム、モーセ、ダビデ、ソロモンなどに渡る

サリエル

一瞬にして相手を凍りつかせる邪眼の持ち主

四大天使のスーパーサブ

サリエルは、もともと『**エノク書**』ではサラクェルと記された天使で、サラキエル、サラクァエル、スルクェル、スリエル、ザラキエルとも呼ばれる。彼の名前は「神の命令」を意味し、熾天使として君臨するとともに大天使とされる。

大天使としての一面は、四大天使のスーパーサブ的要素を持つもので、医療や癒しのスペシャリストである**ラファエル**の代役として、また罪の重さを天秤で量った**ミカエル**の代役として光るものがある。**ウリエル**と同一視されることに関しては、優しさと厳しさが同居した天使であるという面から指摘されているのであろう。

サラキエルあるいはサラクァエルとしての彼は、救いの

豆知識 月の秘密

人が生まれると魂が月からやってきて、この世を去ると月に帰っていく。このような言い伝えが次第に魔力と結びつけられ、それを支配したサリエルはこの分野で確固たる地位を築く。ところが落とし穴があった。サリエルは、月の満ち欠けの秘密や軌道に関する知識を人間に教えたとして、堕天使におとしめられる。

天使を支配し、審判の議長を務めている。『エノク書』においては、聖なる七天使として罪人の子の面倒を見る役どころとして紹介されている。

善良な天使と堕天使の一面が同居

サリエル自身の重要な使命は魂の監視である。人間が過ちを犯さぬように監視し、更に神の威光を軽んじた天使の処遇を決定する力を持つ。この点からサリエルは、「死をつかさどる大天使」として最も有名な存在である。またサリエルは**邪眼**をもつということで恐れられていたが、彼の名を刻んだ護符を持っていることで、逆に邪眼の呪いから逃れられるともされている。

スリエルとしての彼は、やはり「神の命令」として登場するが、四大天使の一員として地上を揺るがし、「死の天使」とも呼ばれた。古い言い伝えでは、預言者**モーセ**がエジプトから脱出する際に、そのすべを学んだのはスリエルからとされていて、モーセが天に召されるときもスリエルがそばに立ち、「死の天使」としての役目も務めた。

知っておきたい 邪眼

サリエルの堕天使としての逸話にはもう1つある。それは、彼が邪眼を有するものとされることである。「邪眼」は日本ではあまりなじみのない言葉であるが、イタリアなど南ヨーロッパそしてアラビア半島にかけて、青い瞳をもつ人間は呪いをかける力があるとして恐れられた。これを邪眼や邪視というが、旧約聖書に記された偶像崇拝を禁ずる掟に由来しているとも言われる。その掟を忠実に守るイスラム教の国々では、かつて異教徒の地に踏み入ると、偶像の目の周囲だけを破壊することがよく見られた。

キリスト教の広まるヨーロッパでは、地中海沿岸がもっとも邪視の信仰が強い。邪視を防ぐ術として、船の舳先に大きな目が描かれているのを見かけるが、それはまさに邪眼信仰の証である。邪視信仰は北ヨーロッパ、特にケルト人の間に広まり、さらにアメリカへと広まった。

幻視により神の教えを知らしめる

レミエル

善良とも堕天使ともとられる一面

レミエルは、イェレミエル、ファヌエル、ラミエル、ルマエル、イェラメエル、エレミエルとも呼ばれ、「神の慈悲」という意味や「神の恵み」という意味で解釈される。これを見てもわかるように、彼は善良な天使である。

しかし、堕天使としての記述もあり、**ミルトン**の『**失楽園**』においては、堕天使界のリーダーとしてその名を轟かせる一面もある。

とはいえ、この点に関しては疑問視されることが多い。堕天後も神を表す「エル」をその名にとどめているからだ。もしかしたら彼は、天界に未練があったのかもしれない。

天国では常に、〝起き上がろうとする者〟つまり魂を監視し、審判場へ導く役目を担っている。『**エノク書**』では神前の七人の大天使の一員とされ、雷の天使として下々のものに教えを広める役割も担っている。

幻視をつかさどる天使

ラミエルとしての彼は、「神の雷」という意味をもち、**『バルク書』**において**幻視**をつかさどる天使として紹介されている。

当時、エルサレムに攻め入ってきた隣国アッシリアをはねのけ、自国を守るという幻視を見たことをバルクに伝えた。実際にアッシリアを叩きのめしたのはラミエルを中心とする大天使だったので、そのうわさは広まった。ただ、一説によればこれは**ミカエル**の行った技であったと解釈されている。

さらにファヌエルとしての彼は、その勇ましさとともに「神の啓示を理解するもの」、「悔い改めの大天使」として、神の御前の四人の天使の一員として崇められる。また、告発する**サタン**を神の前から遠ざけた。人間がしてきたあらゆる悪を知りつくす天使でもある。

知っておきたい　幻視

旧約聖書の世界では、神からの啓示や教えは「夢」の中においてされることが多いが、古くから神の声を直接聞く方法として夢の価値は大きかった。

夢の中で実際に神が現れることはなく、教えや預言というものを伝えたのは天使であった。ラミエルはその幻視をつかさどる天使として、選ばれたものに伝えることを責務としていた。特に『バルク書』においてその役どころが紹介されている。

ちなみに新約聖書の世界では、夢は神と人間の出会いの場であるとし、幻視はその手段として考えられている。

堕天使の烙印を押される天界のシークレットサービス

ラグエル

エノクを連れ天国を案内

ラグエルは、アクラシエル・ラグヘル・ラスイル・ルファエルなどの別名をもつ天使で、「神の友」とか「光の世界に復讐する者」という意味をもつ聖なる天使である。

このことは、「天界のご意見番」としての彼の一面を彷彿させるが、実は同胞が堕落しないように監督しているのである。

ラグエルは、**ラファエル**が治める第二天国、つまり審判を待つ堕天使たちの刑場で守護天使を務めている。さらにラグエルが、**エノク**の天国での案内役とされたのは有名な話だ。

ラグエルにはもう一つ逸話がある。彼は地上の天使としても名を挙げるが、終末のラッパを吹く役目を神から授かり、地上で吹き鳴らして天罰をもたらせたという。

一転して堕天使ラグエル

七四五年、ザカリアス教皇は、教会会議において、多くの天使を堕天使として告発した。

その中でラグエルは、「聖人の名をかたる悪魔」として非難され堕天使の烙印を押された。四大天使のウリエルも同様である。エノクの案内役として、また天使たちが堕落しないように見張る役どころの大天使としての処分に、〝見せしめ〟との評がある。当時加熱していた天使信仰を抑えるための処分だったのであろう。

この決定は今でも物議をかもしている。

ラッパがもたらす災い

キリスト教徒とラッパとの関係は以外に深い。特に新約聖書の最後に記された『ヨハネの黙示録』には7つのラッパとそのラッパが吹かれることによって起こる災いが克明に記されている。

神はその言葉をまとめた巻物を「子羊」と例えられるイエス＝キリストに手渡すわけであるが、その巻物の内側にも外側にも字が書いてあって、7つの封印で封じてあった。この巻物の封印がひとつひとつ解かれていくと、それにより恐ろしい災害が次々に起こっていく。そして、最後の封印が解かれると、7人の天使にそれぞれラッパが与えられる。

どうやらラッパ（角笛という記述もある）は、聖書の中では神の言葉としてのイメージが強い。7人の天使に与えられたそれぞれのラッパは、神の意志を伝える媒体であって、ラッパが次々に吹き鳴らされると、封印を解かれたときにも増して激しい災害が起こっていく。例えば第一のラッパは雹《ひょう》や火を地上に降らせ、地上の三分の一を消滅させたり、第二のラッパは海の三分の一を血で染めてそこに生きる生物を死滅させ、第三のラッパは松明のように燃える星が川の水源に落ち、多くの人の命を奪ったりと自然現象の中にも神の重い仕置きが災いとともに降りかかっている。

これはまさにリアルタイムで起こっている異常気象や自然災害を我々に髣髴《ほうふつ》させる。現代でもラッパは鳴り響いているのかもしれない。

シナイ山の門番としてモーセと一戦交えた

カマエル

様々なエピソードが存在

カマエルは能天使の長で、カミエル、カミウル、カムエル、カムニエル、カンセルとも呼ばれ、ケムエルと同一視される。

いずれにしても「神を見る者」の意で、能天使の指揮官である。

また**セフィロト**の一員としても知られ、イギリスの魔術師バレットによれば、神の御前の七天使の一員とされる。オカルトの教義では冥界に属し、岩の陰にうずくまるヒョウの姿に現される。さらに一万二千もの破壊の天使を率いるという文献もあることから、カマエルは戦争や戦いの神として崇められることもあるようだ。

さらに堕天使サマエルと同一の存在であるという指摘もある。

ユダヤの神秘主義では、カマエルは十人の大天使の一員として、また火星を支配し七つの惑星を支配する天使として述べられている。

ケムエルとしての逸話

ケムエルとしての逸話には、次のようなものがある。

旧約聖書の『**出エジプト記**』でシナイ山に登った**モーセ**が神から立法を授かるとき、ケムエルは天空の門の門番をしていた。そのケムエルがモーセに忠告をしたところ、神の意志によりまかり越したと聞き、驚いてモーセを通したという。

また、この逸話には違う説もあって、開門を拒むケムエルをモーセが倒し、そのまま通り抜けたという言い伝えもある。

堕天使としてのカマエル

堕天使としてのカマエルは冥界に属し、岩の陰にうずくまるヒョウの姿で表現される。さらに一万二千もの破壊の天使を率いるという文献もあり、その攻撃的な性格からカマエルは戦争や戦いの神として崇められることもあるようだ。さらに堕天使サマエルと同一の存在であるという指摘もある。

メタトロンと双子の天使

サンダルフォン

人から転身した天使

ギリシア語で「共通の兄弟」の意の天使。預言者**エリヤ**が昇天して**サンダルフォン**になったという。神や天使を表すヘブライ語の「エル」がつかない天使で、この点は双子の兄弟**メタトロン**と同じ要素を持っている。

この双子の天使は容姿が似ているようで、サンダルフォンの場合、あまりにも巨大だったので、**モーセ**は第三天国で彼を見て「丈高き天使」と叫んだという。

優しさと大きさが特徴

そのモーセは、律法を授かる天上での道すがら、サンダルフォンが神の頭にかぶせるために祈りを材料にした花飾りを編んでいるのを目にする。

豆知識　預言者エリヤ

『エリヤの黙示録』で知られるヘブライの預言者。旧約聖書によると、まだ生きているうちに天国に召された族長が二人いて、一人がエノク、もう一人がエリヤだったという。『列王記』によれば、エリヤは干からびた王国の土地に雨を降らせ、当時の王が崇拝していたバアルの預言者との「生贄合戦」に勝つと、彼らを殺してしまう。そのことが発端で命を狙われ、荒野をさまよった末に神に召され、ヨルダン川のほとりで火の戦車の迎えによって天に昇っていく。そして、サンダルフォンに変えられたとある。また一方では、エリヤははじめから神だったとする説もある。

　また、産まれてくる子の性別は彼が決めている。終末観をイメージする天使が多い中で、彼に関するエピソードには新生児にまつわるものが多い。さらに一説によればサンダルフォンは、「**ノアの箱舟の左側の女性智天使**」として紹介されている。

　また、彼は第三天、第四天、あるいは第七天国に住むとされ、第六天を統率している者でありながら、天の合唱隊の指揮者ともされている。

　その優しげなイメージとは裏腹に、サタンと常に戦い続けていたという勇ましいエピソードもある。

サンダルフォンの高さ

　モーセがサンダルフォンを見て、「尺高き天使」と叫んだように、身長は天界一といわれている。人間が彼の足から頭までたどり着くのには、歩いて500年かかるという。

ザドキエル

イサクの犠牲を止めた慈善の天使

善良の光を率いる天使

「神の正義」と「正当性」をあらわす天使が**ザドキエル**だ。ツァドキエル、ザダキエル、ジデキエル、ゼデキエル、あるいはサキエルともいう。天界を支配する九天使に属し、神前の七大天使の一員。主天使の長ともいわれている。ザドキエルの象徴は、犠牲のナイフである。

ツァドキエルとしては、東風の門を守る審判の天使で、木星の天使としても知られている。ユダヤの太祖アブラハムも守る。

エノク書の記述には、**モーセ**が神から律法を授かる際、天から火でできた天使が無数のきらめきを放って降りてくる。この天使をシナニムと呼んでいるが、これらを率いているのがザドキエルといわれている。

慈愛に満ちた一面がある一方で、戦いのときには、ミカエルとともに軍旗を掲げて臨む、勇敢な将軍とされている。

豆知識　イサクの犠牲

ザドキエルは、アブラハムが息子イサクを犠牲として捧げようとした際、剣を持った腕を引き止めたことでも知られる。また、「天の覆い」を意味するサキエルとしては、木星を支配し、第一天に住む智天使の一員として紹介されている。

善良でもあり、堕落してもいる天使

シャムシエル

昼をつかさどり、楽園を守る

シャムシエルは、「日の光」、「神の強き太陽」あるいは「神の強き子」という意味の天使。天国全体にかかわる太陽の天使として知られる。第四天を統治し、〝祈るもの〟に冠を授けて五天に導いていく。また、**エデンの園**の支配者として知られ、楽園を日の光でつつむ役割が非常に評価されている。また、律法を授かりにモーセが天国に昇ってきた際、楽園の案内役を務めたのも彼である。三百六十五の軍団を率いる。

堕天使としても知られる彼は、「見守る者」として地上に降り、女性たちに不貞を働いたことでも知られる。これは日の光が、女性の肌をあらわにすることからいわれるのかもしれない。

ほかにもミカエルやガブリエルも楽園の守護をしている天使とされ、人間が侵入しないよう厳しく警備している。

豆知識 楽園

楽園ですぐに連想するのが「エデンの園」。アダムとイブが神の命令に背いてしまったために、人間の侵入は禁止されてしまった。他にも天上にある神の住居や最後の審判の後に作られる神の国も楽園と表現される。いずれも人々が望んでやまない場所には違いない。

日本の「西方浄土」や中国の「桃源郷」も同じ楽園願望が生んだ楽土である。

ラジエルの書を探し出した海の堕天使

ラハブ

英雄を育むイランの霊鳥

ラハブは「暴力」を意味し、破壊や死をあらわす天使として知られる。古く原始の海を支配しており、海の魔力が必要なとき彼の名前を唱えると、難破船の埋蔵品を差し出してくれるというエピソードもある。また、水に沈んだ邪悪な魔除けを取りもどすともいう。

ユダヤの伝承ではそもそも「混沌」を意味する怪物で、天地創造の際、神に切り裂かれて海に沈み、海を支配したという言い伝えがある。アダムの手に入るはずだった『**ラジエルの書**』が海に投げ捨てられた際、回収してアダムに返したという善行が認められ天使とされたが、出エジプトに際しては、エジプトの守護神としてヘブライ人たちが紅海を渡るのを妨げたため再び滅ぼされた。

ラハブとラジエル書

天使に奪われたラジエル書が海に捨てられたときに、神がラハブに探させたことで、無事にアダムの元に戻ることになる。その後、エノクやモーセ、アブラハムなどの手に渡っている。

権天使の長として地上の王たちを監督する
ハニエル

ハニエルはアニエル、ハナエル、ハミエル、オノエル、シミエルともいう。その名は「神の栄光」あるいは「恩寵」を意味し、七大天使の一員と目される。権天使と力天使の序列を支配し、「純潔」そのものを支配している。特に権天使としては、地上の王たちの序列をすべて把握している。

エノクを天国に運ぶ役目を務めたという記述もあるが、この役目はアナフィエルに帰すのが一般的である。また、アナエルとしての権威付けは高く、権天使のトップである。さらに人間の性に影響を与える。

基本DATA
【別称】アニエル、ハナエル、ハミエルなど
【支配するもの】純潔

賭博で勝利を呼ぶ神として崇拝される
バラキエル

バラキエルは「稲妻の神」「神の雷光」として君臨するが、堕天使としての記述が多い。七大天使の一員ともされ、二月の月を支配し、木星も管轄化におく。さらに、熾天使を支配する四大天使の一員として知られる。

イギリスの詩人、劇作家、トマス・ヘイウッドの詩『聖なる天使の階級』(一六三五年)ではコンフェッサーの位を統率している。東風の門の番人で、賭博の幸運を呼ぶ神としても名高い。「ソロモンの誓約」では戦闘をくじく天使として勇ましい姿を見せる。バルビエルとしては二十八の月の宿を支配する。

基本DATA
【別称】バルキエル、バルビエルなど
【支配するもの】二月、木星

アルミサエル

お産の痛みを和らげる子宮の神

アルミサエルは出産や分娩、妊娠に深く関係した子宮の天使で、お産の苦痛を和らげるために呼び出される。口伝書『タルムード』には、難産の対処法が記されている。「詩編」の二十章を九回唱えることにより妊婦の苦痛が収まるというのだ。なおも妊婦が苦しむ場合は「子宮をつかさどるアルミサエル様、どうかこの女性とお子をお助けください。平和をお与えください。アーメン」と唱えるのだそうだ。アルミサエルは病気や死産などを呼び起こすデーモンと格闘してこれを追い払うという。

基本DATA
【役割】お産の痛みを和らげる
【支配するもの】子宮

アルコーン

善い面、悪い面をあわせもつ逸材天使

そもそも**アルコーン**は、ギリシア語においてポリスの「高官」を意味するが、天国や地獄、そして国家をも支配する天使のことである。アルコンテス、アイオーンとも称される。とにかくスケールが大きく、大天使、サタン、デーモン、天体の神々と同一視されている。エノク書ではアルコーンは支配者として、さらには〝見守る者〟としての記述もある。

彼は善い天使としても悪い天使としても紹介されるが、ほとんどの記述では悪い天使である。善い天使としては、国家を治める統治者として君臨する。

基本DATA
【別称】アルコンテス、アイオーン
【支配するもの】国家

名前に〝神〟が入る「力」と「栄光」の天使

アズボガ＝ヤハウェ

アズボガ＝ヤハウェは審判の座をつかさどる偉大な支配者八天使の一員。そもそもアズボガは神の力そのものを指し、神の秘密の名前である「栄光の神」を表す言葉である。

その姿は、常に天上の神を覆い隠す天幕の内側にあるという。

エノク書では神に象徴される栄誉と威厳をもった権力者であったと記されている。その証に、天国にやって来た賢者・勇者たちに正義の称号を与えることを任務としている。

基本DATA

【役割】正義の称号を与える
【支配するもの】栄誉、威厳

生者と死者の情報を神に代わって記録する

ソペリエル＝ヤハウェ

ソペリエル＝ヤハウェについては第七天国の支配者として知られる。彼は生者と死者の記録をすべて帳簿につけている。その姿は王家の衣装と君主の外套をまとい、冠をかぶっているという。さらにその特徴としては七つの天国を合わせた程の丈があり、太陽のように目が輝いている。舌は火を噴くたいまつで、口からは火と稲妻が出てくる。滴り落ちる汗から火が燃えて、頭にはそれぞれサファイアをつけ、肩には智天使の車輪を乗せているという。彼らは炎のペンをもち、嵐の車輪の上に立って書き記すときは座るという。

基本DATA

【役割】生者と使者の記録
【支配するもの】第七天国

エノク書について

天使の様子について詳細が描かれているのが『エノク書』である。その内容とは？

旧約聖書の儀典、『エノク書』の筆者

『エノク書』は今から二千年以上前に、複数の無名の著者によって書かれたのが最初とされるが、これに箔をつけるためか、預言者エノクの名を用いたとみえる。また、内容は大きく分けて三つからなり、第一書、第二書、第三書に分かれている。

初めて天界の法則と天使の様子について触れた

エノク第一書は一番古く、エノクが天国に招かれ案内されていく様子が記されている。天空には四大天使のウリエル、ラファエル、ミカエル、ガブリエルがいると紹介され、神に近いところの天国では、さらに位の高い荘厳なる天使たちを目撃する。

天国への旅では、審判の日を待つ堕天使たちが閉じ込められている場所に案内され、エデンの園も巡っている。そして、天国の終点まで運ばれ、神の周りにいる天文学的数の天使たちを目撃し、宇宙の秘密のすべてを知る。

一方、別の場面では救世主について触れ、終末論をといていることから、新約聖書の考え方にも強い影響を与えた。エノクはノアの子孫の繁栄を預言し、モーセの出エジプト、イスラエル王国の盛衰、バビロン捕囚、救世主の国の建国の歴史などを語ったとされる。

天国と地獄の様子を克明に描写

第二書は、エノクが天国に召される様子が非常に具体的な描写で記されている。

エノクが床に就いているとき、太陽のように輝き、目が燃え、口から火を噴く二人の天使が紫の衣服を着て、黄金よりもっと明るい輝きをもった翼をはためかせて登場し、中から雪よりも白い手を出してエノクを連れ出そうとする。

エノクは恐怖に震えるが、「神からの使いであるから心配はいらない」と告げられる。エノクは七つの天国とそれに対になる七つの大地を案内され、それらは鉤でつながっている。七番目の天国を越えたところに、さらに神聖なる三つの天国が出現する。

第三書でエノクはとうとうメタトロンに

エノクは神の御前にて宇宙の摂理と天地の創造、人類の堕落に至る様々なことを学び、息子たちと他の人たちにも伝えるために、三十日間地上に降ろされた。それが終わると神はエノクを連れもどし、彼に無数の目と三六対の翼をあたえメタトロンに変えた。

第三書ではそのことがかなり克明に記されている。神に最も近い第一位階の天使たちは、エノクが天上に入ることに嫌悪感を示すが、神は「エノクが正直で、すべての人間の力を合わせたほどの力を持ち合わせているから」と答える。そしてエノクは炎に変えられメタトロンとなった。全三書の中で一番複雑で内容が濃く、意義深い書である。

ゾロアスター教の筆頭天使

ウォフ・マナフ

アムシャ・スプンタの一柱

ゾロアスター教には、善なる神**アフラ・マズダー**の属性をあらわす六柱の「**アムシャ・スプンタ**」（ウォフ・マナフ、アシャ・ワヒスタ、フシャスラ・ワルヤ、スプンタ・アールマティ、ハルタワート、アムルタート）が存在する。**ウォフ・マナフ**はこの「アムシャ・スプンタ」の一柱だ。彼らはもともとアフラ・マズダー自身の性質を現すものだったが、のちには人格化した存在と考えられ始め、ユダヤ・キリスト教式に言えば大天使とも言うべき重要な存在となった。（ゾロアスター教には他に「ヤザタ」と呼ばれる天使たちもいるが、こちらはゾロアスター教が始まる前に、崇拝されていた土着の神々が吸収されたもの）。彼らすべての中で、もっとも首位に立つのが、このウォフ・マナフだ。

ゾロアスターに啓示を与える

ゾロアスター教の開祖である**ゾロアスター**に神の啓示を与える重要な役割を果たしたとも言われており、ゾロアスター教にとっては欠かせなく、動物界を守護する天使である。ゾロアスターの前に現れたときのウォフ・マナフは、光り輝く巻き毛の天使で、縫い目のない真っ白な衣を身にまとっていて、身

の丈は普通の人間の九倍もあったそうだ。

ゾロアスターはこのときに得た啓示によって、古代ペルシア帝国の一大宗教となるゾロアスター教を打ち立てたのだ。イランの国教である。

ゾロアスター教はのちに、ユダヤ教やキリスト教にも大きな影響を与えた宗教でもある。天国と地獄という概念も、ゾロアスター教から始まったらしい。また、天使と悪魔との戦いという考え方もゾロアスター教に起源を持ち、きたるべき終末の日に、善なる人々が救われるという信仰を生み出した。今日伝えられている世界宗教の基礎をなす大部分は、ゾロアスターが得た啓示から始まったといっても過言ではない。

良心をつかさどる

ウォフ・マナフはアフラ・マズダーの「良

もっと知りたい ゾロアスター教と牛

ゾロアスターの文化では牛は格別に重要な存在だった。ゾロアスター教の聖典『アヴェスター』には、「牛の嘆き」で知られる祈祷文が書かれている。「私はウォフ・マナフの御心を満たします、牛の魂も」という節で始まり、ゾロアスター自身が、人間が起こした戦争や人間の残酷さによって、不当に苦しんでいる牛の悲しげな言葉で切々とつづっている。
それによれば、まず牛がアフラ・マズダーに自分の窮状を訴えたので、アフラ・マズダーはゾロアスターを預言者として立てたそうだ。しかし牛は、ひ弱なゾロアスターでは最初は納得できなかった。ゾロアスターは偉大な王でもないし、強い力があるわけではない。自分たちを保護してもらえる適任者とは思えない。ゾロアスター自身も自分に力があるとは思えず、しり込みする。それでもついにアフラ・マズダーに説得されて、ゾロアスターは勇気をふるって伝道を始めた、という物語詩だ。
このような祈りが、ゾロアスター教徒の間では古代から語りつがれてきた。人間は牛の魂を守り、牛に悲しみを負わせないことを要求されるのだ。

心」をつかさどるとされている。ゾロアスター教の考え方では、人間は生まれながらにして良心を持っているのではない。人々がよき信徒として生きるためには、ウォフ・マナフの良心が必要で、これによって人々は善と悪の区別をつけるための基準を見出すのだ。人間の善行と悪行を記録し、裁きを下す神ともされる。

そのためには、善い事とは何かと意識を集中すること、善いことの実践を積むことが必要なのだそうだ。こうして人間がウォフ・マナフに触れる事ができるようになるまでに、全生涯を要するとさえ言われている。まさにゾロアスター教徒の目標ともいうべき存在なのだ。

善人が死んだときは、ウォフ・マナフがその魂を迎え入れる役目を担っている。そのため、天国を「ウォフ・マナフの家」と呼ぶこともある。死後の魂の行く先を決定する立場。

ちょっと変わっているのは、この最も重要な大天使が動物の守護者でもあるということだ。これは、ゾロアスター教が遊牧民から生まれた宗教であったことと関係があるだろう。ゾロアスター教徒にとって、家畜（特に牛）はもっとも大切な財産であり、人類史のはじめから人間と共にいたかけがえのない仲間だったのだ。ヒンドゥー教徒も牛を大切なものととらえている。

家畜にやさしくすることは、ウォフ・マナフの良心を実践することと同じであり、家畜を大切にする人間はウォフ・マナの加護を受けると考えられていた。

ゾロアスター教の儀礼では、今でも神酒のほかに、牛乳や牛の尿が使われたりする。このときに使われる牛乳がウォフ・マナフのシンボルとして扱われるのだ。

ゾロアスターに神託を伝える

ゾロアスターが生まれた時代は暴力が満ち、多くの人々が苦しんでいた。若いころからこの世の善悪の葛藤に苦しんでいたゾロアスターは、20歳のとき、両親の反対を押し切って家を出て、妻子と共に放浪の旅に出る。

30歳になったある日、朝の儀式のためにダーティヤー川で水を汲んでいると、川の岸辺に輝く光に包まれたウォフ・マナフが立っていた。ウォフ・マナフはゾロアスターに、「お前は何者か。生きていく上でもっとも大事なものは何なのか」と尋ねた。ゾロアスターは、「私は知恵を得るために、正義と清浄を大切にしている者です」と答えた。

するとウォフ・マナフはゾロアスターを天国へ連れて行き、アフラ・マズダーの前に立たせた。アフラ・マズダーはゾロアスターに告げた。「道理に従って教え導くものがいない。そこで創造主である私はあなたを造ったのだ」。そしてゾロアスターに、世界に神の言葉を伝えるように命じた。ゾロアスターは驚いて、本当に自分が選ばれたのかと尋ねなおした。すると今度はウォフ・マナフが、「私たちの教えに耳を傾けると私が認める者はただ一人、ゾロアスターです。アフラ・マズダーよ、このゾロアスターに言葉を授けるべきです」と言った。こうしてゾロアスターが、アフラ・マズダーの預言者に任じられたのだ。

聖火を守る神の使い
アシャ・ワヒシュタ

「良心」に教えられ「道理」に従う

ゾロアスター教が「**拝火教**」とも呼ばれていることはよく知られている。ゾロアスター教では神殿の聖火が**アフラ・マズダー**の象徴として非常に大事にされているので、異教徒からはあたかも火を祭っているように見えたのだろう。ともあれ、この火を守るのが**アシャ・ワヒシュタ**の役割だ。やはり**アムシャ・スプンタ**の一人で、アフラ・アズダーの道理（アシャ）を表す。ワヒシュタは「最高の」という意味で、「最高の道理」という名前だ。後代では、聖火そのものがアシャの化身だと考えられることもあったようだが、それほどゾロアスター教ではアシャをたいそう賞賛しているのだ。

ゾロアスターの教えの中でもこの「アシャ」がもっと

知っておきたい 火の部屋

ゾロアスター教徒にとって、火はアフラ・マズダーそのものである。

火そのものが礼拝の対象ではないが、人々に全能の神を思い起こさせる聖なるシンボルなのだ。

聖なる火は火の寺院の火の部屋に保たれる。寺院の中には金属製の大きな火鉢があり、昼夜を分かたず燃え続けている。頭に白い帽子をかぶり、白い布で目から下を覆い、白い服を着た祭司が、昼夜、火の番をして守っている。祭司以外は、火の部屋に入ることはできない。

インドとイランのゾロアスターの神殿では、先史時代からスリソーグによって人間にはじめて伝えられたという聖火があり、どちらも絶やすことなく燃やされている。

も重要なものだとされているのだが、アムシャ・スプンタとしては第三位に属し、ウォフ・マナフよりは下位に属する。これについては少し説明が必要だろう。つまり、人は生涯をかけてアフラ・マズダーの道理（アシャ）に従い、これを追求するべきである。しかし、人間がアシャに従った生き方をするための助けとして必要なのが、「良心（ウォフ・マナフ）」であるという関係が築かれているのだ。ゾロアスター教の考え方では、人間には生まれながらにして真実や善良を選ぶ意思が備わっている。が、何が真実で何が善良であるか判断する基準はウォフ・マナフから導いてもらう必要があるのだ。

性別を持つ天使たち

ところでゾロアスター教の六人のアムシャ・スプンタにははっきりとした性の区別がある。それに従うとアシャ・ワヒシュタは男、前述のウォフ・マナフ、そしてクシャスラは男の天使である。女の天使はアールマティ、ハルタワート、アムルタートといった具合だ。

人類最初の火

人類は地球上の生物で唯一、火を扱うことができる生物だ。いったい最初の炎はどこから得たのか、誰が火の起こし方を発明したのか、世界各地で神話や伝説が残されている。たとえばギリシア神話では、プロメテウスが闇と寒さに震えている人間を哀れんで、天から火を盗み出し、人間に与えたといわれている。それと同じように、ゾロアスター教徒にも天から火がもたらされたという神話が伝えられているのだが、こちらでは、スリソーグという神話の牛が、背中に乗せて天上から運んできたのだそうだ。

健康をつかさどる水の守護者

ハルタワート

水を守る聖なる戦い

アフラ・マズダーの「健全」をあらわす女性の天使が**ハルタワート**だ。この世における健康を司り、同時に水の守護者とも言われている。

人間の体の七十%は、水分から成り立っている。人間が生きるうえで、何はなくとも水は欠かせない。ことに砂漠地方の遊牧民にとっては、水の出る場所を見つけられるかどうかは死活問題だ。健康で生きながらえるには、水の所有によって保障されることでもある。

ゾロアスターの大天使たちには、それぞれ敵対する悪神がいるのだが、ハルタワートの敵対者は悪神**タルウィ**「灼熱」である。この悪神タルウィはハルタワートに逆らって、人間に渇きをもたらし、植物を枯らし、毒草をはびこらせてしまう存在だ。ハルタワートは水を守り、毒から人間を守る戦いを続けているのだ。灼熱の砂漠では水は何よりも貴重で、水をめぐって、人間同士が熾烈な争いを何度も繰り返してきたことを、そこはかとなく思い起こさせるエピソードでもある。

パフラヴィー語、現代ペルシア語では、ホルダードと呼ばれる。アルメニアではこの名前を借用し、ハロウト花として民間祭儀に使用した。イスラム教ではハールートという天使の伝承に変化した。

アムルタートと対に

健全と不死は共にあることから、ハルタワートは**アムルタート**（不死を意味する女天使）と対にして語られることもある。正義と健全を手にしたとき、人間はアフラ・マズダーのように不死の命を得るという考え方が、背後にあるようだ。

　ところで、ゾロアスター教の祭儀では、「聖水」がハルタワートの象徴として用いられるのだが、「牛の尿」が使われてきたというから、ちょっと驚きだ。しかしこれには理由がある。そもそも牛の尿には毒消し作用があり、ゾロアスター教徒たちは、特別に育てられた牛の尿は特に人間の健康を促す力のあると信じてきたのだ。

聖なる水は牛の尿

　若者がゾロアスターの正式な信者となるとき、ハルタワートのシンボルである聖水をすすらされる。しかしこの聖水は単なる水ではない。ゾロアスター教では古くから、牛の尿を聖水として儀式に用いていたのだ。もっとも、ただの牛の尿を飲むのではない。果物や花だけを餌として育てられた、特別な儀式用の牛なのだ。

　儀式用の牛に選ばれるには、まず全身が白くなくてはならない。候補に上がった子牛はまず全身の毛を剃られ、その後も黒い毛が一本もはえてこないか念入りに調べられる。そこで合格した牛だけ、寺院付の特別な牛として飼われることになる。そして、牛からとった尿を、特別な儀式によって浄めて用いる。ゾロアスター教徒は牛の尿に浄化作用があり、体の悪い部分をきよめてくれると考えていたのだ。

　しかし、これも昔話となり、今日では牛の尿の代わりにざくろの汁を使う。ざくろ汁もまた、古代から健康食として知られてきたもので、健康の女天使ハルタワートの象徴としてふさわしい飲み物だ。

地下に埋蔵された鉱物の守護者

クシャスラ

権力を支配し、鉱物を熟知する

「王国」という意味の名を持つアムシャ・スプンタ。アフラ・マズダーの権力を表し、鉱物の守護者とも言われている男性天使だ。権力といっても武器や財力にものを言わせた支配ではなく、あくまでも善神アフラ・マズダの意思を実現する上での統治力をつかさどる天使だと考えられている。

クシャスラ地下に埋蔵された鉱物の秘密を熟知しているとも言われている。武器を作る鉄、貨幣として使われる金、銀、すべて人がこの世で王権を掌握するために重要なものは、クシャスラの領分にあるといってもいい。

そのほか、悪の軍団からこの世を守るために結界をはったり、この世の終わりのときに、最後の審判を進行する役割を持っている。悪神サルワと対立する。

地獄と鉱物

ゾロアスター教では、「終末の日」には、真っ赤に溶けた鉱物とともに、クシャスラが訪れると、信じられている。

そして悪人は真っ赤に溶けた鉱物の中で、苦しめられることになり、善人はそれを心地よい浄めと感じるのだそうだ。そして最終的にはアフラ・マズダの理想王国が実現し、善人はそこに生きることになる。

このゾロアスターの終末観は、キリスト教やイスラム教にも影響を与え、煉獄や、来臨というアイデアをもたらしたのだ。

慈悲深い大地の守護者

アールマティ

慈善や親切を促す女天使

アフラ・マズダーの「愛情と寛容」をあらわす女の天使。また、アフラ・マズダーの娘とも呼ばれていて、女天使の中では最高位に位置する。また、悪神タローマティの敵対者である。

アールマティは大地の守護者であり、人には住まいや神殿を、家畜には牧場を与える天使である。そのため、大地に死者を埋めるのはアールマティに対する冒涜だと考えられていて、ゾロアスター教は鳥葬を行うのである。

アールマティという名前は「敬虔」という意味で、信仰深い人間や信仰心の化身であるとも言われている。罪のある人間が道を歩くと心を痛め、人がアフラ・マズダーの意思に従って家畜を飼ったり他人に手助けをすれば、歓喜すると言われている。アールマティは人間が慈善や親切に向かうのを促す存在なのだ。

豆知識 地母神崇拝

アールマティーは、アフラ・マズダーの「愛情と寛容」を現すのだが、それ以上に大地の女神としての性格が強い。

これは彼女がもともとは土着の神話の大地の女神であり、各地にあった地母神崇拝に起源を持っているからのようだ。アールマティーはインド神話にも登場し、大地の女神として崇拝されているそうだ。またイスラム圏においてはマールートと名前が変わり、こちらでは神の言いつけにそむいて堕落した男の天使へと形をかえて伝承されている。

不死性と植物をつかさどる女天使

アムルタート

永遠の命と豊かさを象徴している

アムルタートは「不死」という意味の名を持つ女天使。第七位の**アムシャ・スプンタ**で植物の守護者だ。特にハマオという酒を作る原料のハマオ草が、彼女のシンボルとして崇拝されている。アーヴェスター語で「不滅」。

アフラ・マズダーの「不死性」をあらわしている天使であり、死んだのちの人間が不死の命にあずかるのは、彼女の恵みによるものだ。また、この世での食物は彼女からの贈り物である。悪神ザリチュの敵対者である。

「健全」をつかさどるハルタワートとはよく対で登場するのだが、健全と不死は切っても切れない関係にあるからだろう。彼女と二人で、アフラ・マズダーの理想国が到来したときの、永遠の命と楽園の豊かさを象徴している。

豆知識　ハマオ酒

ゾロアスター文化では一般的に飲酒は好ましくないとされているのだが、ハマオという神酒だけは別格で、儀式のためにこの酒がつくられている。

いまではハマオ草が取れなくなったため、ざくろの汁で代用することが多くなったそうだが、昔はハマオ酒と神事とは切っては切れない関係にあった。

奈良県明日香村に酒船石遺跡があるが、これを日本の小説家、松本清張は、ゾロアスター教のハマオ酒を醸造したものと推理して話題になった。

魂の声を聞き取る「神の耳」

スラオシャ

魂の善悪を裁く

スラオシャは**アフラ・マズダー**の従順と規律の化身とされる男性の天使。名前の意味は「聴覚」。最初にアフラ・マズダーに帰依した天界の存在で、アフラ・マズダーの耳として働き、邪神**アーリマン**に虐げられる人間の声を聞きとるそうだ。太陽が沈んだ後に地上に降り立ち、敵対者である**アエーシュマ**と戦う。ガブリエルと同一視された。

また、ミスラ神、ラシュヌ神と共に冥界で魂の裁判を司る天使とされ、魂の善悪を判断する天秤を使い、魂の行き先を決めるとされる。このとき、天上の法廷では、スラオシャのみがアフラ・マズダーの前に立つことが許される。ゾロアスター教では死んだ人間の魂は死体の周りを三日間さまようとされているが、この間、魂を守護していてくれるのもスラオシャだ。

死んだあと人間の魂は？

ゾロアスター教では、人間は「善」か「悪」か、どちらかを選んで生きる自由があると考えられている。しかし、死んだあとは、その人間の魂がどちらを選び取って生きたかを調べられるのだ。

死んだあと、人間の魂は三日間死体の回りをさまよっている。その間、スラオシャがずっと守っていて、それから「裁きの橋」（チンワド・プフル）へと導かれる。

「裁きの橋」によって良いと認められた魂は無事に橋を渡り、「歌の館」へと行くことができる。しかし、不義と断ぜられた邪悪な魂は端から引きずり落とされ、「不義の館」へと送り込まれるのだ。

ゾロアスター教の善悪の二元論

拝火教としても有名なゾロアスター教は、善と悪がはっきりと分かれている。

二段階ある世界

ゾロアスター教はしばしば「二元論」に基づいていると説明されている。誤解されることが多いのだが、このことは決して善と悪を対等な原理として考えているのではない。信者は常に悪を避け、善の意思に従う道（アシャの道）を選び取ることが要求されている。これは、善と悪が同等に対立し、その均衡の上に世界が成り立っているという宇宙観に基づいているのだ。

教義によれば、アフラ・マズダーは世界を二段階で創造した。まず「メーノーシュ（精霊的な段階）」、次に「ゲーティング（物質的な世界）」である。

「メーノーシュ」を作ったとき、アフラ・マズダーは純良な知恵と意識を創造した。真理の聖霊スプンタ・マンユたちはそのときに生まれたのだ。ところが、物質的な世界を作ったときに、虚偽がアンラ・マンユの形となって現れ、この世に邪悪さや死が生まれた。そこでアフラ・マズダーは、聖霊スプンタ・マンユにフラワシを指導させ、悪との戦闘を指揮させることにしたのだ。

人間は物質的な世界に属しているので、善なる霊と悪の霊を二種類兼ね備えている不完全な存在だ。しかし、アフラ・マズダーはこの世に人間を創造したときに、人間を善と悪のどちらも選ぶことができる、自由意志を持つ者として創った。これは、人間に勝手気ままさを許すためではない。そうではなく、人間が善神アフラ・マズダーを信仰するだけでは十分ではないことを意味するのだ。つまり人間は、単に信じることによって救われるのではなく、自分の「自由意志」で善なる道を選び取り、行動を起こすことを要求されているということでもあるのだ。このように高度な倫理思想を持っていたため、ゾロアスター教は、世界に影響を及ぼす倫理宗教の祖として、驚異的な勢いで古代社会に広がっていったのだった。

善なる世界を築くために

宇宙的には、倫理的な人々はアンラ・マンユに対する闘争に加わることになる。具体的には、正しい行いにしたがって生活することによって、アンラ・マンユを滅ぼすアムシャ・スプンタの勢力に加わるという発想だ。この世の終わりのときまでに、一〇〇〇年ごとに救世主が三柱、戦う善き人々を導くために出現する。それまで人間の善行を支え、導くのは大天使アムシャ・スプンタたちで、最終的には彼らが勝利することによって、完全なアフラ・マズダーの世界がこの世に実現するそうだ。

　何気ない日常生活でのさりげない行いの中にも、宇宙的な聖戦の行方が背後に関わっているものがある……そんな空想は、なかなかドラマチックで心踊るものではないだろうか。

イスラム教の最上位天使
ジブリール

神の啓示を与える役割

「偉大なる法」「聖なる霊」と呼ばれる**ジブリール**は、ユダヤ・キリスト教では**ガブリエル**と呼ばれている天使にあたる。**マホメット**（ムハンマド）に神の啓示を伝えたのもジブリールなら、マリアに、イエスを身ごもったことを伝える天使もジブリールだ。

キリスト教では、ミカエルが天使の中でナンバーワンと呼べるだろう。ところが、イスラム教で最上位の天使といえば、文句なしにジブリールなのだ。これは、イスラム教が「啓示の宗教」と呼ばれていて、預言者たちに啓示を与える役割を担った天使ジブリールを特に重んじたことと関係するだろう。

コーランの「詩人」の章によると、「このコーランは誠実な霊（ジブリールのこと）が天から携えて、マホメットの心に下し、マホメットを警告者に仕立てたもの。その言葉ははっきりとしたアラビア語。このことは、世界中の啓典に記されてきたことだ」だと説明している。

マホメットの前に現れたジブリールは、美しい緑色の六百の翼を持ち、眉間には太陽が埋め込まれていたという。しかし、ジブリールは預言者の前では常に変装して現れるのだそうだ。あるときマホ

メットがジブリールの本当の姿を見たいと願い、その願いをかなえられたとき、あまりの恐ろしさにマホメットは気を失ってしまったそうだ。キリスト教が描写するガブリエルは女性的だが、ジブリールは男性的である。こうしたように、宗教によってその姿は異なる。

マホメットにコーランを理解させる

ラマダーンの月、マホメットがヒラー山にこもって眠っていると、ジブリールが布を持って現れ、「読め」といった。

「読めません」とマホメットが答えると、天使は布を彼にかぶせて押さえつけた。「何を読むのですが」とマホメットが聞くと、天使は「コーランの凝血の章を読め」といった。ここでマホメットは目が覚めた。

洞窟の外に出ると、「私は天使ジブリールである」という声が聞こえた。天空に、人間の姿で両足を組む天使の姿が天空に浮かんでいた。

英知をつかさどるイスラム四大天使の一人

ミーカール

罪を嘆き、すべてを見守る

ミーカールは、英知と魂の知をつかさどり、被造物が永らえることを守るイスラム教の天使である。こちらも四大天使の一員で、キリスト教で**ミカエル**と呼ばれている天使とルーツは同じなのだが、**ジブーリール**と同様、やはりキリスト教の天使とはかなり趣が異なる。キリスト教のミカエルは悪魔と戦う英雄だったが、こちらでは天使と戦う前に悪魔が屈服してしまっているので、勇ましく武装した天使とはかなり異なる姿をしているようだ。コーランの記述によれば、ミーカールはエメラルド色に輝く翼をもち、燃えるようなサフラン色の体毛に覆われている。その毛一本一本に百万の顔があり、その顔一つ一つに百万の目と百万の言葉を話す舌がある。

この世に地獄という場所ができてからは、ミーカールは笑ったことがない。百万の目から、罪に落ちた魂を嘆いて涙を流し、百万の舌で、アラーに罪びとの許しを乞うているのだ。その涙のひとつひとつから、アラーは人間のために、彼と同じ姿の天使を大勢造った。彼らはミーカールと共に第七の天に住み、最後の審判の日まですべての被造物を見守っているのだという。

イスラム教ではユダヤ・キリスト教と区別するため、下位に位置づけられている。

最後の審判を告げる音楽の天使

イスラフィール

マホメットに付き添い、地獄を観察

四大天使の一員で、創造物の中で最も美形と伝えられているのが**イスラフィール**。ある伝承によると、四つの翼を持ち、天を突き抜けるほどの長身だとも書かれている。**ミーカール**より五百年ほど早く誕生したが、なぜか地位ではミーカールの下位に属している。

イスラフィールは「音楽の天使」とも呼ばれており、千の言語でアラーを賛美する。彼の息吹によって、聖歌隊は賛美歌を歌うのだ。また**最後の審判の日**の終末のラッパを吹くのもイスラフィールの役目である。また悪徳の町ソドムを滅ぼした。

マホメットの前にジブリールが現れて啓示を与える前、三年間マホメットに付き従ったとも言われている。また、昼夜各三回ずつ地獄を観察する役目もあり、地獄で責め苦にあえぐ人間を見ては大粒の涙を流していると伝えられている。

最後の審判のラッパ

イスラフィールの最も重要な仕事は、この世の終わりのときに、ラッパを吹く役割を与えられていることだ。アラーが「吹け」と命じたとき、エルサレムの岩の上に立ち、動物の骨でできたラッパを吹く。ラッパは二度吹かれる。一度目のラッパでは地上の被造物が死滅し、この世のすべての被造物がいったん滅びる。二度目のラッパが響くと、すべての死者がよみがえり、それぞれの行いに応じて審判が開始されるのだ。

罪を犯した対の天使

ハルートとマルート

地上の誘惑に負けてしまう

ハルートとマルートは、常にセットで語られる天使たちだ。二天使を合わせて、ハルタマルートと一くくりにして呼ぶこともある。地獄の番人と伝えられ、正統伝承では堕天使の代表格だ。

アダムの時代、天使たちは、地上の人間がいかに罪にまみれているかを**アラー**に訴えた。すると、「人間と同じ立場におかれればおまえたちも同様のことをしただろう」とアラーは人間をかばったが、天使たちは納得しなかった。そこで、実験台に、ハルートとマルートが地上に送られることになった。ところが彼らは地上に降りたつやいなや、さっそく美女に心を奪われてしまった。恋に焦がれた彼らは、彼女を口説いて手に入れるには酒を使って酔わせるしかないと、禁じられていたはずの酒を手に入れてしまう。そうして、イスラムの戒律では飲んではいけないはずの酒を飲み、酔っ払ってしまう。おまけに、飲酒を目撃した通行人を、こともあろうに酔った勢いで殺してしまったのだ。

ハルートとマルートは、これらの罪によって翼が使えなくなり、天国に戻ることもできなくなってしまった。一方その美女は、彼らがうっかり神の秘密の名を彼女に漏らしたため、それを口にした彼女は即座に天国へと引き上げられ、輝く金星になったという。

イスラムにおける死の天使

アズライール

すべての人間の寿命を見守る

アズライールは四大天使の一員。人間の死をつかさどる「死の天使」としておそれられている。アズラエルという別名を持つ。

人間たちの寿命を記した書物を毎年更新し、その記述にしたがって死をもたらすと言われている。七万本の足と四千の翼、体は白いベールに覆われており、全身にすべての人間と同じ数の眼を持っているそうだ。眼の一つ一つが地球上の人間の生と死を表しており、その眼が瞬く度にどこかで一人が死ぬことをあらわしている。

一人の人間の死が近づくと、**アラー**の玉座のそばの木から葉っぱが一枚下に落ちる。その葉には、死ぬべき人間の名前が書かれているのだそうだ。アズライールはそれから四十日後に、人間の体から魂を引き離すため死者の前に立つ。そのときはアズライールの元の姿ではなく、従者を従えて変装した姿で現れると、イスラム教では信じられている。

アズライールの役割

伝説によると、アラーは最初の人類アダムを創造するため、ジブリール、ミーカール、イスラフィールらの天使を地上に遣わした。彼らに地上の土を集めさせ、それを材料にしてアダムを創ろうとした。しかし大地は、人類がいずれは神にそむき、大地にも不幸をもたらすことになると天使にささやいた。そして3人の天使たちが土を持たずに帰ってきたので、アラーはアズライールにその任務を託すことにした。アズライールは大地の反対にも耳を貸さずに任務を遂行し、地上の土をアラーの元に持って帰った。

この功績から、彼は人間の魂を司る死の天使の役職を与えられたのだ。

地獄での魂を監視する
マリク

地獄を監視する恐ろしい天使。地獄では、**マリク**の下にザバニヤという十九の下級天使がいて、ザバニヤたちが罪びとの魂に責め苦を負わせる。

地獄で苦しんでいる魂が、「マリク！　助けてください。アラーに頼んで、私の息の根を止めてください」といっても、マリクはまったく相手にしない。「いつまでもそうしていろ」と冷たく突き放した言葉を投げるだけだ。

ところが、「アラーよ！　憐れみたまえ」というと、ザバニヤたちからの責め苦をやわらげてやることもある。

基本DATA
【神格】地獄を監視する
【関係の深い天使】ザバニヤ

地上の人間を記録し報告する
ハファザ

人間を魔物や悪霊から守ってくれる守護天使のこと。**ハファザ**は人間を見守ると同時に、守護している人間の行動を逐一記録している。

すべての人間には、昼と夜に二人ずつ、計四人のハファザがついているそうだ。しかし、二人のハファザが交代する夕暮れ時と夜明けには、ハファザが人間のそばにいない一瞬の隙がある。魔物たちは、その時間帯を狙って人間に忍び寄るそうだ。そのためイスラム教徒の間では、夕暮れ時と夜明けは魔物に出会いやすい時刻だと考えられており、行動を慎んでいる。

基本DATA
【神格】魔物や悪霊から守ってくれる
【関係の深い悪魔】ジン

死後の魂を判別する天使
ムンカルとナキール

人が死んで、墓に埋葬されると、**ムンカルとナキール**が参列者のいなくなった夜に現れるそうだ。埋められた死体をまっすぐに置き、預言者マホメットとは何者かと質問をする。生前に信心深い生活をしていたものならば、この質問に「彼は神の伝令である」という答えを出せるが、不信心者、罪人は正しい答えを出せない。正しく答えたものは、最後の審判の日まで平穏に過ごせるが、正しい答えを出せなかったものは、最後の審判の時まで彼らに金づちで体を叩き続けられるという。

基本DATA
【神格】死者を呼び覚ます
【関係の深い神】ムハンマト

侵入者を防ぐ天国の門番
ハダーニエル

ハダーニエルの役目は天国への侵入者を防ぐことだ。あるとき、天国に律法を受け取るために**モーセ**が訪れた。ハダーニエルはモーセが神の許しを得ているとは知らずに、モーセを脅した。しかしそこへ神が現れ厳しい言葉でハダーニエルをいさめるとすぐに態度を改め、モーセの案内を務め、モーセが律法を受け取ることを助けたそうだ。

ハダーニエルが神の意思を宣言すると、その声は二十万の大空を貫き、彼の口から放たれるあらゆる言語で、一万二千もの雷光がきらめくという。

基本DATA
【神格】天国の門番【別称】神の威厳
【関係の深い神】モーセ

空を舞い、音楽を奏でる仏教の天使

飛天
（天女）

仏教で最も天使に近い存在

お寺の仏教画で、衣をたなびかせ空中を舞いながら、花を撒き散らしたり、楽器を奏でている華麗な姿を見かけることがないだろうか。彼らは**飛天**と呼ばれる、いわば仏教版の天使だ。西洋の天使のように、お告げや癒しをしたり、悪魔と戦うような働きはしないが、**釈迦**が説法をするときには、天から舞い降りて、仏を讃えたり、人々に良い香りや音楽で喜びを与えたりしてくれる。

一般には、八部衆（仏法を守護する八種の下級神）の乾闥婆《けんたつば》（香音神）と緊那羅《きんなら》（音楽天）を指しているが、もともとはインドの**アプサラス**が起源だったとも言われている。アプサラスは神と人間の中間のような存在で、女性の姿をして、時には人間と恋に堕ちたりする。飛天

豆知識　飛天の性質

乳房もあらわなエロチックな女性の姿で描かれることもあり、楽しげな天の住人でありながら、人間くささを持つ飛天。実は、彼らは人間と同じように死をまぬかれないのだという。

「天人五衰」という大小二種類の衰微があり、光を失ったり、身体が汚れてきたり、汗をかいたりするような兆候が現れると、飛天の寿命が尽きてしまう。死んだあとは人間に生まれ変わることもあるし、逆に人間が飛天に生まれ変わることもある。

また、飛天ははっきりと男女の性別をもつ姿で描かれることが多い。伝承では、人間と結婚して子供を生むこともあるようだ。

も人間を超えた存在でありながら、どこかしら人間的な楽しみに満ち溢れた印象がある。そのために、ときに「楽天」と呼ばれることもあるのだ。

初期のインドの飛天は、それでもまだ金剛力士のような逞しさを持つ姿で描かれることもあるのだが、中国に伝わってからは神仙思想と結びつき、両性具有的な軽やかなイメージが強くなる。仙人のように、世俗を超越した姿である。今日の日本人にとって馴染み深い飛天の姿は、中国で完成したものなのだ。

天人、楽天、天童、天男、天女などとも呼ばれてきたが、もっぱら女性の姿で描くことが好まれるようになったのは、時代がもっとあとになってからである。日本の各地に伝わる天女の羽衣伝説も、この飛天から生まれたものである。

飛天の変遷

発祥の地のインドでは、初期の飛天には翼があったらしい。

しかし、いつのまにか翼が消え、上半身裸体の姿で描かれるようになる。男女が交合している飛天の姿もあるが、これはインド独特のものであろう。亜熱帯のインドでは上半身裸でも民衆は違和感を覚えなかった。

温帯の中国では飛天に上衣をまとわせずには落ち着かなかったのか、羽衣をまとった姿で描かれるようになったようだ。特に麗しい女性の姿で描かれるようになったのも中国からである。中国では、飛天といえば美人の代名詞ともなっていた。

仏の教えを広める神
梵天（ぼんてん）

ブラフマーから梵天へ

十二天の一人で、上方の守りを担当すると伝えられている天界では、仏の使徒の中でも、もっとも重要な存在だ。

それもそのはず、もともとの名前は**ブラフマー**といって、ヒンドゥー教の三大主神の一人だった（梵天はサンスクリット語を翻訳した名前である）。ブラフマーは万物の創造神であり、ブラフマーが生んだものを育てるのが**ヴィシュヌ神**、破壊するのが**シバ神**。死と再生の繰り返しの中、創造をつかさどるもっとも主要な神だったのだ。そのため、仏教でも、「衆生の父」と呼ばれ、**帝釈天**とならび主要な神として位置づけられている。

伝承によると、釈迦に仏の教えを広めるように導いたのが、梵天だった（梵天勧請）。それに由来して、釈迦の脇侍として祀られることもある。帝釈天と一対の像として祀られる。

豆知識　梵天の顔の数

梵天がブラフマーと呼ばれていたころは、5つの顔を持っていたそうだ。ヒンドゥー神話によると、そのうちひとつをシバ神に断ち切られ、4つの顔を持つようになったという。4つの顔を持つ梵天像は、よりオリジナルの姿に戻ったわけだ。

正義感の強い武人の神

帝釈天（たいしゃくてん）

戦に優れ、悪鬼を追い払う

十二天の一人で、東の守りを担当しているのが**帝釈天**だ。ヒンドゥー教では**インドラ神**と呼ばれていた。もともとは人間で、布施などの善行をたくさん行い、神にまでなったという。阿修羅との戦いで知られ、武人の神として崇拝されていた。仏教に取り入れられてからは、**釈迦**を助け、釈迦が教えるときにはそばで聞いていた。もとの伝承が武人の神様だったため、衣の下に鎧を着ていたりする。白い象にまたがった武人像で描かれることも多い。

四天王などを配下とし、世界の中心にそびえる須弥山《しゅみせん》にある善見城に住み、地下から出てくる悪鬼を追い払うと言い伝えられてもいる。

また正月、五月、九月の年三回、この世の善悪を視察にくるとも言われる。この期間を三長斎月と呼んでいる。帝釈天はいわば、悪と戦う正義の使いである。

人間出自のためか、**梵天**より親しみやすいのか、帝釈天は圧倒的に庶民から人気があるようだ。東京都の柴又帝釈天が有名。

柴又の帝釈天

日本で帝釈天といえば、フーテンの寅さんゆかりの東京葛飾区柴又の縁日が有名だ。これは、道教の庚申信仰と結びついて、庚申が帝釈天の縁日となったことから始まっている。柴又の縁日は、日蓮上人が刻んだ本尊が行方不明になっていて、再び発見されたのが安永8年の庚申の日だったことから、一気に有名になったらしい。柴又帝釈天では、いつ訪れても参道には屋台が並び、毎日が縁日のようだ。

多聞天

毘沙門天としても知られている神

四天王の一人。また**十二天**の一人で、いずれの場合も北を守護する役割を当てられている。その名のとおり、**釈迦**の教えを多く聞いて精通しているといわれており、四天王の中でももっとも崇拝されている。

もともとのヒンドゥー教では、**クベーラ**という財宝の神だった。日本では**毘沙門天**という名前のほうが知名度が高いだろう。**七福神**の一人であり、勝負事にご利益ありということからギャンブラーに崇拝されてきた。

片手に鉾、片手に宝塔を持ち、お寺では邪鬼を踏みしだくりりしい武人姿。

基本DATA

【神格】勝負ごとにご利益あり
【関係の深い神】持国天・増長天・広目天

増長天

作物の豊穣を司る神

四天王の一人で、南の守りを担当する。「増長」とは作物を増やし、伸ばしていくという意味。つまり、豊穣をつかさどる天部だ。ヒンドゥー教では**ビルーダカ**といい、「発芽し始めた穀物」という意味。こちらも豊穣神としてあがめられてきた。仏教に取り入れられてからは、その超人的な成長力で仏教を守護すると考えられている。

ヒンドゥー教では鬼神として知られていたこともあったらしい。部下にクバンダと呼ばれる半分馬の姿をした鬼神がいるが、これも豊穣をつかさどる神の一人だ。

基本DATA

【神格】豊穣【別称】ビルーダカ
【関係の深い神】クバンダ

四天王について

「四天王」という言葉は、現代社会でも強力な四人組を指すとき、「○○の四天王」と呼んだりしているので、ときどきは耳にするだろう。もとの四天王は、帝釈天に仕え、須弥山の中腹で共に仏法を守護している四人の天部の総称だ。右のページにあげた多聞天、増長天以外に、持国天と広目天がいる。この四人で、東西南北を守っている。

仏教にはこんな説話がある。

あるとき釈迦は「将来、三人の悪い王が現れるだろう。そのとき法が廃れていく。私が涅槃となった後もお前達がみんなで力を合わせ法を護りなさい」といい残し、その後、涅槃に入った。

釈迦の亡くなった後、帝釈天と四天王はお香や華、音楽や踊りで釈迦の舎利（遺骨）を供養した。そして帝釈天が四人に、「お釈迦様は我々に法の守護を託して涅槃に入られた。持国天よ、お前は東方において法を守護せよ。増長天よ、お前は南方において法を守護せよ。広目天よ、お前は西方において法を守護せよ。多聞天よ、お前は北方において法を守護せよ」と命じた。こうして四天王が東西南北を守ることになったのだという。

四天王

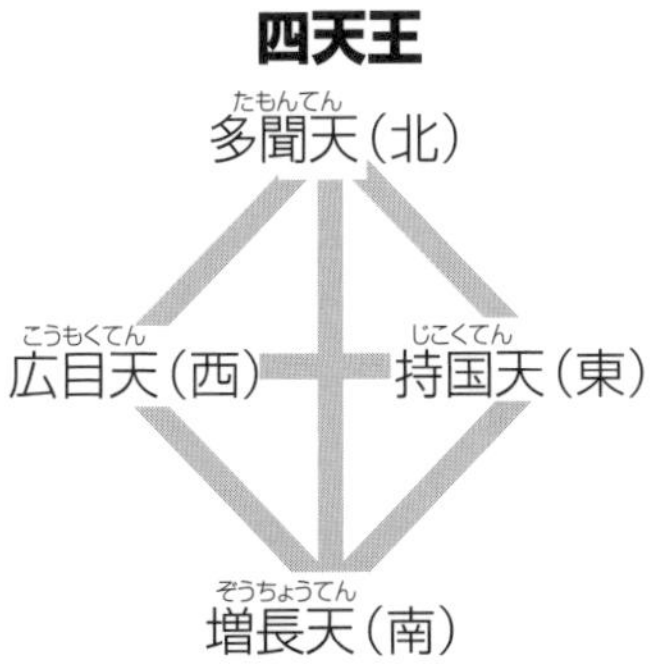

十二天について

西洋でいうような天使を仏教に見出すのは難しい。天使を、神と人間の中間にいて、神に仕えながら人間の媒介者として立つ存在として考えるなら、仏教における「天部」がもっとも天使に近いといえるだろう。

天部とは、仏教が教えられる前の神話の神々が取り込まれ、仏の法を守る神となったものである。そのなかで代表的なものが、十二天と呼ばれる天部たちだ。

東西南北と東北・東南・西北・西南の八方に、天・地・日・月の自然要素を加え、それぞれにかかわる十二種の天部を十二天としたもので、伊舎那天、帝釈天、火天、焔魔天、羅刹天、水天、風天、毘沙門天、梵天、地天、日天、月天がいる。

いわばエコロジー的に人間を守る神様で、自然との調和の中で邪鬼を追い払ってくれる。地球環境が叫ばれている現代社会では、仏教の十二天の存在がもっと見直されてもいいかもしれない。

曼荼羅の絵にしばしば使われているので、密教の寺では重んじられている。掛軸や屏風絵でも十二天の図をよくみかける。

十二天

聖獣

聖獣とは聖なる力を持ち、人々に加護をもたらす獣のこと。神からの使いとして登場するものもいれば、神に匹敵する力を持ったもののものもいる。いずれも神秘的な領域に存在していることには違いなく、人知を超えた、特別な援助や力を願う人間の前に表れる。道徳を教え、平和へと導くケースが多い。

聖獣における
エピソード

聖なる力を持ち、人間への影響力が強い生き物

善なる行為をする獣

一般的には、聖獣とは聖なる力を持ち、人々に加護をもたらす獣たちと考えられている。しかし、実際には「聖獣」という言葉で歴史上語られた存在は多くはない。本書では、聖獣を天使と同様の扱いとして、神の使いとして登場する動物として紹介している。

多くの場合、聖獣の容姿は非現実的で、異常な形態を持っている。現実の動物に角や翼を付加することで特徴を表しているのだ。現実には存在しないことを表現することで、見ることのできない、精神的な世界がそこには表現されていると考えられる。つまり、人知を超えた、特別な援助や力を願う際に聖獣は登場するのだ。

他にも神に匹敵する力を持った獣も登場する。獣の姿をとった神々である場合もあり、人間の姿をしていないことで、現実を逸脱した、神秘的な領域に存在していることが強調されているといえよう。

聖獣は、想像上で存在するので、容姿における共通点を見つけることは難しい。しかし、常にその善なる行為をしているとはいえるだろう。人間に対して道徳を教え、平和へと導く存在であることが多い。

歴史上、世界の各地で獣の姿をとる神々は存在する。時には敵対者と戦い、ときには神に従う存在ではあるが、人間に対して徳をもたらすケースが非常に多いのが聖獣の特徴といえる。

聖獣の特色

聖獣としては、様々な種類の動物が登場する。

西欧、特に**ギリシア神話**では神の使いとして登場する動物が非常に多く、神や英雄の騎乗する乗り物としての役割が多い。その典型といえるのが馬に近い容姿をした**ペガサス**や北欧神話の**スレイプニル**であろう。

また、鳥の姿をしたものも多く、西欧では**フェニックス**、日本では**ヤタガラス**などは神の使いである聖獣といえる。**ガルーダ**や**バロン**といった存在は、容姿は獣であるのだが、その地域では神として扱われている。

四聖獣と呼ばれる、**玄武**、**白虎**、**青龍**、**朱雀**などは四神と呼ばれるほどにあがめられ、古代中国から発祥した四神思想は東西南北に配されるほど、身近な守護神であった。

神話における動物

現在でも私たちの生活に非常に深く関わっている動物。文化と動物の関連性は非常に興味深い。

生活の糧になる家畜はもちろん、様々な害を与える魔獣としてや、特殊な能力で人間に援助を行う聖獣としてなど、神話や民話といった古くから伝わる物語でもいろいろな形で多く登場している。その地域や宗教によって、取り込まれる動物が全く違うのは一考の価値がある。

馬は英雄物語には欠かせない存在であり、牛はヨーロッパからアジア、アフリカにおけるまで多くの神話に見られる。

干支における12支や占いでおなじみの星座、風水における方角の割り当てなど、動物との関係において、古代から現代にまで引き継がれている文化の起源を考えることにも価値があるだろう。

同じような容姿をしたドラゴンと龍だが、ドラゴンは魔獣としても多く登場し、青龍においては皇帝のシンボルとされ、西洋・東洋で対照的な扱われ方をしている。

これは、自然現象や未知の地域などへの恐怖に対して、支配、退治しようとするか、崇め、祀ろうとするかの違いであり、それが形を変えながら具現化され、聖獣となったものだと考えられる。その地域における思考や願いの特徴が表れているといえるのだ。

世界各地にみられる聖獣

フェニックスと朱雀のように、似た生き物、同じような容姿の聖獣でも、地域によって扱われ方が微妙に違う。

地域	名前
アジア	バロン（バリ、スマトラ、ジュワ島の伝承） ガルーダ（インドの伝承、ヒンズー教） 白澤（古代中国神話、日本神話） 玄武（　〃　） 白虎（　〃　） 青龍（　〃　） 朱雀（　〃　） ヤタガラス（日本神話） シーサー（日本、沖縄の伝承）
ヨーロッパ	ユニコーン（中世ヨーロッパの伝承） フェニックス（ヨーロッパと中東の神話） ペガサス（ギリシア神話） スレイプニル（北欧神話） スフィンクス（エジプト、ギリシア神話） グリフィン（インド、ヨーロッパ伝承） シームルグ（ペルシア、現在のイラン）

英雄が騎乗する馬の姿をしたもの
ペガサス　　　スレイプニル

聖獣の種類

飛翔の憧れ鳥の姿をしたもの
フェニックス

特異な姿をしている
龍の姿をしたもの　青龍

一本角を持った聖なる馬
ユニコーン

乙女には従順な一面も

螺旋状に巻いた一本角を額に持つ白馬として知られている**ユニコーン**。しかしそのイメージは後世になってつくられたものであり、古代ローマの博物学者**プリニウス**はその著書『**博物誌**』の中で「鹿の頭・象の脚・馬の胴体・猪の尾を持つ」と記している。性質は極めて獰猛であり、相手がライオンであろうと馬であろうと恐れず向かっていったという。一方、乙女の前ではとてもおとなしい。ひとたび乙女を見つけ出すと、その膝に頭を載せて眠るとされている。このエピソードが聖母マリアの処女懐胎と象徴的に結びつけられ、さらにはキリストそのものを指すに至った。今に通じる「純潔」「神聖」というイ

女怪物バイコーン

中世ヨーロッパの伝説と民間伝承に登場する。太っていて、人間の顔と大きくむき出した歯が付いていた。

恐妻家の夫を食べると言われた。我慢強い夫の多い時代だったので、この獣には大量の餌が与えられたと推測される。当時の教会の調度によく描かれた。

メージとして結びついていったのである。別名にはモノケロスという名がある。

角のチカラ

ユニコーンの特徴である角は、特別な力を持ち、魔除けやいかなる病にも効く薬として珍重された。また、水に漬けるとその水は清められるといわれ、フランス宮廷では食物の毒の検証に用いられたと伝えられる。ルネサンス期の教皇パウルス三世は、大枚をはたいてこの万能の秘薬を求めた。言い伝えに拠れば、ユニコーンの角は毒に触れると無毒化する効果があるとされたが、後に毒物の成分が含まれた食物に触れると、汗をかくとか色が変化するなどの諸説も生まれたようである。

ユニコーンの角を粉末にした薬は万病を治し、果ては死人まで蘇らせる、として多くの狩人がユニコーンを探した。現に中世のヨーロッパではユニコーンの角が売られていた。実際のところはイッカククジラの角から作った薬だったようであるが。

角の効用

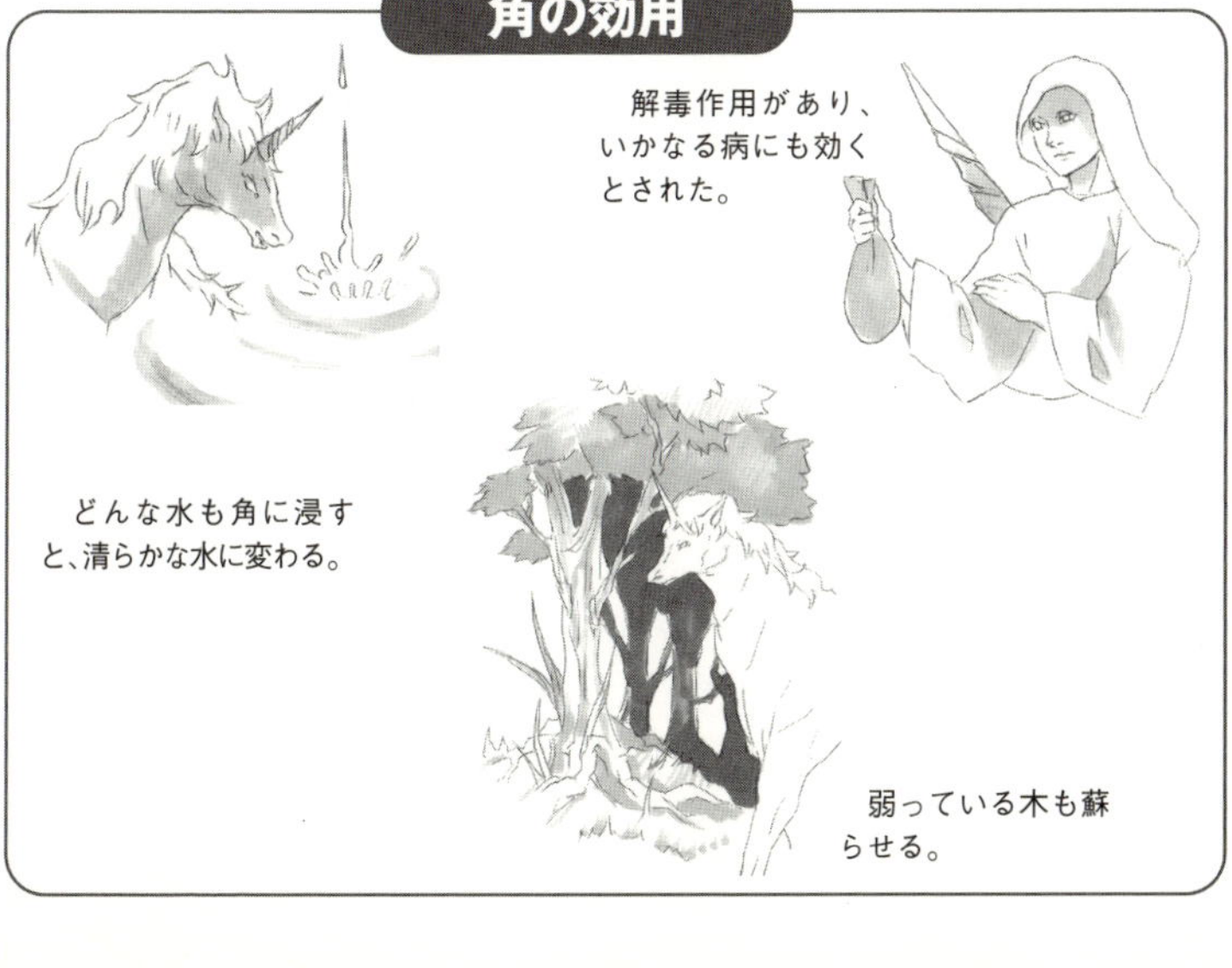

解毒作用があり、いかなる病にも効くとされた。
どんな水も角に浸すと、清らかな水に変わる。
弱っている木も蘇らせる。

火の鳥・不死鳥とよばれる
フェニックス

優雅に翼を広げる霊鳥

フェニックスとはギリシア語源の名に由来し、日本では**不死鳥**と訳されてきた。ヨーロッパと中東の古い伝説に登場し、元はエジプト神話の霊鳥であるとされる。鷲よりも大きく、金色の羽で首は飾られ、羽毛は赤紫色、尾は薔薇色が混ざった青である。世界に一羽しか存在しなかったといわれ、その生命力は五百年もの間続く。ペルシア、インド、アラビア、エチオピアに棲んでいたと説が分かれている。手塚治虫の漫画『火の鳥』に出てくることでも知られている。

地獄の公爵

聖獣だが悪魔という一面も。ソロモンの72柱の悪魔の1柱、20の軍団を従える公爵である。あらゆる学問について答え、あらゆる要求にあらゆる韻文で応じるすぐれた詩人でもある。

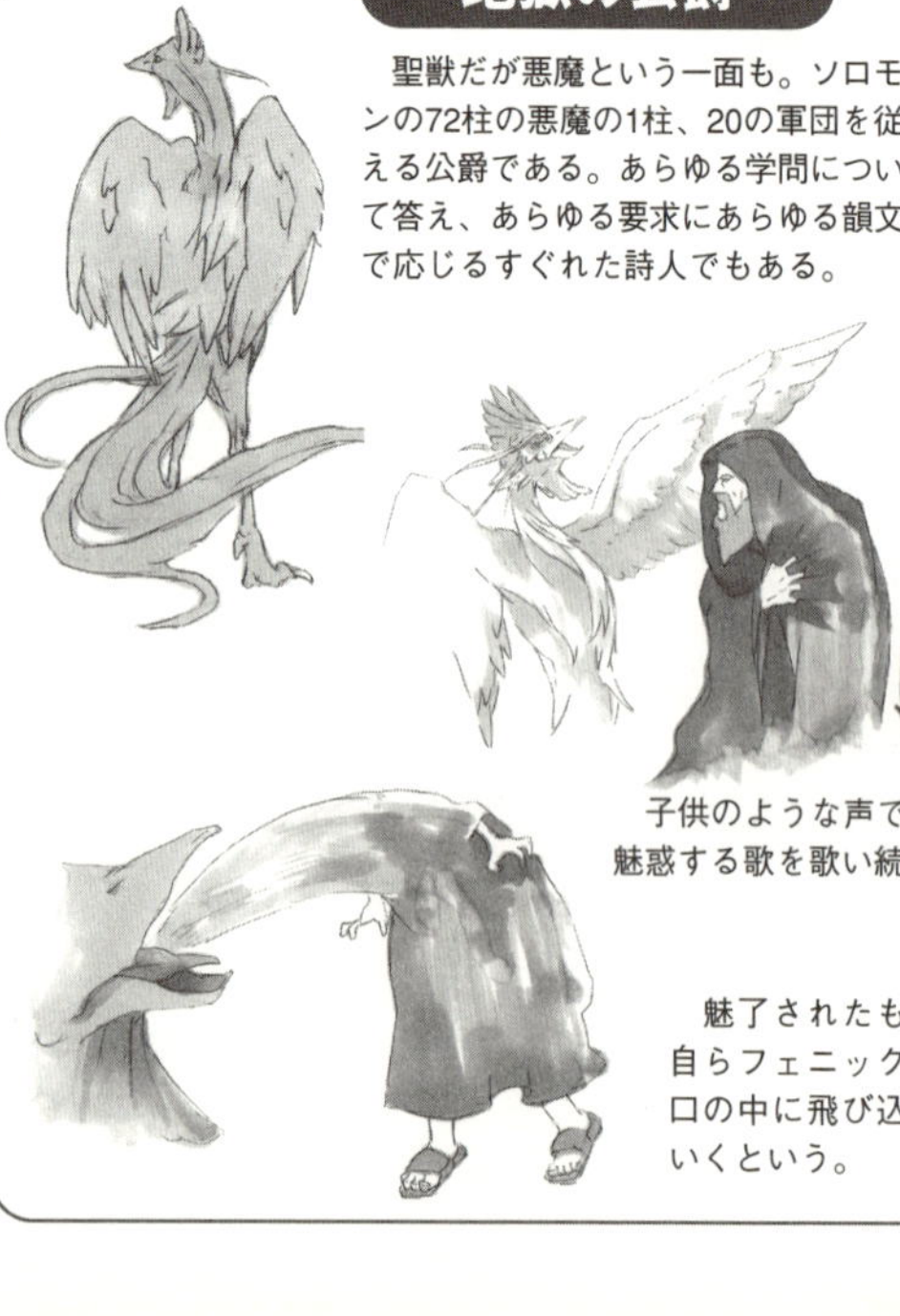

子供のような声で万人を魅惑する歌を歌い続ける。

魅了されたものは自らフェニックスの口の中に飛び込んでいくという。

キリストの象徴となる復活

不死鳥とされるフェニックスだが、実際は再生を繰り返していく。死んだフェニックスの亡がらから生まれた小さな虫が、鳥の姿となりフェニックスの後継ぎとなって、前のフェニックスの灰をエジプトの**ヘリオポリス**（太陽神ヘリオスの町）の祭壇まで運んだという。またギリシアとローマの伝承や伝説では、フェニックスは不死の象徴であり、葬祭の装飾に描かれた。こうしたエピソードからフェニックスは、死と復活を経験したイエス・キリストの象徴とされた。

エジプトでは、フェニックスは霊鳥**ベヌー**と同一視され、古代の**ファラオ**が焼かれるとき、その霊魂はホルス（鷹の姿を持つ天空の神）の姿をとったという。

再生の姿

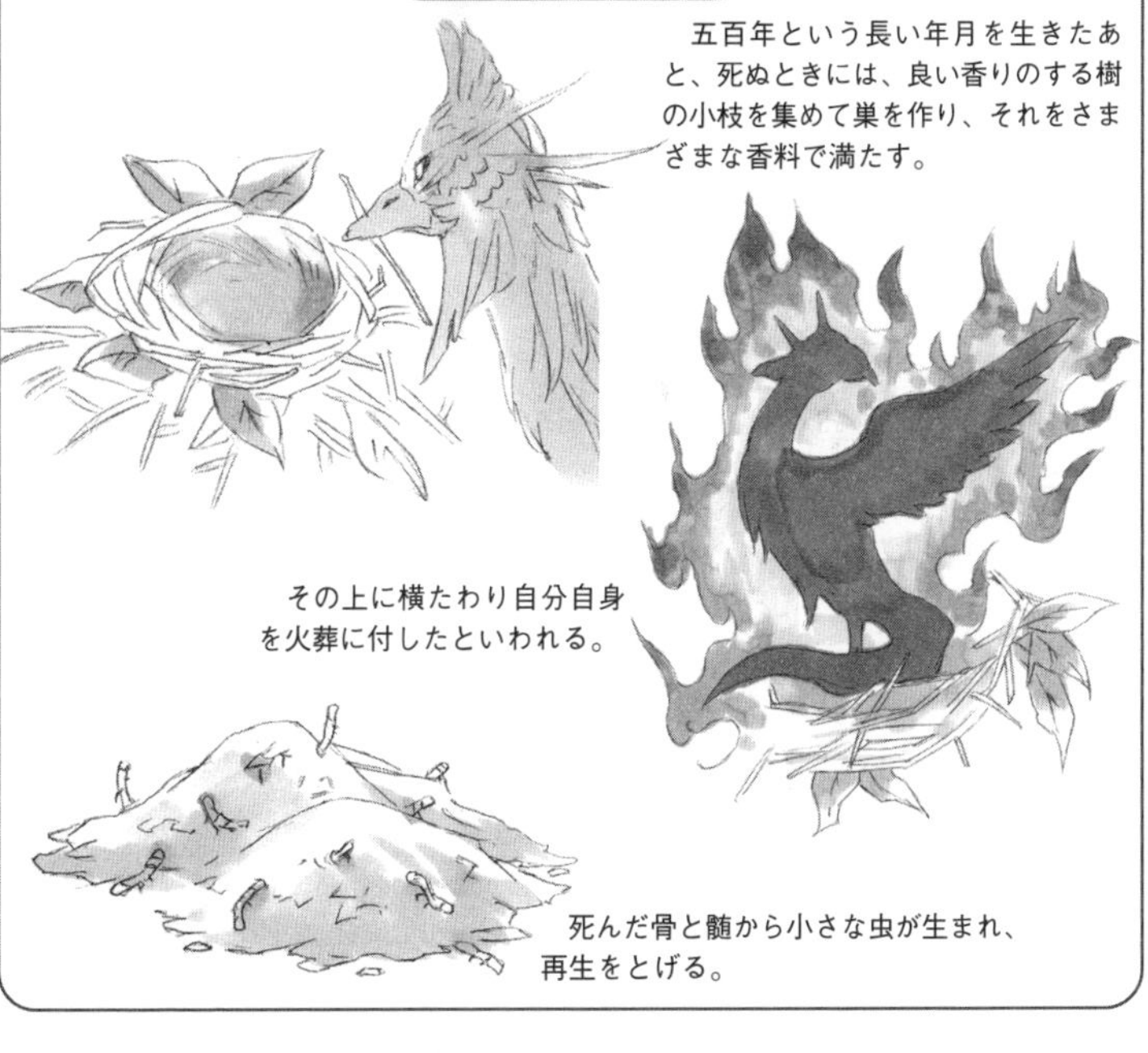
五百年という長い年月を生きたあと、死ぬときには、良い香りのする樹の小枝を集めて巣を作り、それをさまざまな香料で満たす。
その上に横たわり自分自身を火葬に付したといわれる。
死んだ骨と髄から小さな虫が生まれ、再生をとげる。

ペガサス

天空を駆ける翼ある馬

怪物メドゥーサから生まれる

ギリシア神話に登場する、鳥の翼を持ち、空を飛ぶ馬。白い種馬の姿をした海神**ポセイドン**と**メドゥーサ**とのあいだに生まれた。また別の説では、メドゥーサが英雄**ペルセウス**に首を斬りおとされたあと、そのこぼれた血から生まれたとされている。メドゥーサは、見たものすべてを石に化すという蛇髪の妖婆であった。そこでペルセウスは思案の末、**アテナ女神**の力を借りてグライアイという一本歯一目の三人の老婆からその目と歯と魔法の袋と、自分の姿が隠せる兜を盗んで向かった。そして**ヘルメス**から贈られた青銅の鎌形刀で一撃のもとにメドゥーサの首を斬りおとした。**ペルセウス**は急いでメドゥーサの首を魔法の袋に入れ、ペガサスに乗って逃げたといわれる。また別の説では、白い種馬の姿をした海神ポセイドンとメドゥーサとのあいだに生まれたとされる。

ペガサスは不死身の聖馬でありペルセウスが死ぬと、ヘリコン山まで飛んだ。この頃ひどい干ばつで、ヘリコン山の泉や小川は涸れており、ペガサスが怒りをこめて地面を踏み鳴らして清水の泉を湧きあがらせたという。現在でも、そうした泉はヒポクレネ（馬の泉）として知られている。

ベレロポンの馬に

ペガサスはもともと人間が乗るような馬ではなかったが、コリントの王子**ベレロポン**だけは別だった。ペガサスを得ることを切望したベレロポンは予言者ポリュイデスの助言を受け、アテナの祭壇で一晩眠った。すると夢の中にアテナが現れ、彼に黄金のくつわを遣わした。そしてまもなくペレイネの泉のほとりでペガサスを得たのである。そうしてベレロポンはペガサスの助けを借りて多くの功績を挙げた。リュキア王の依頼によって怪物キマイラを退治し、さらにアマゾン（女）族やソリュモイ人との戦いにも勝利している。

天に昇ったペガサス

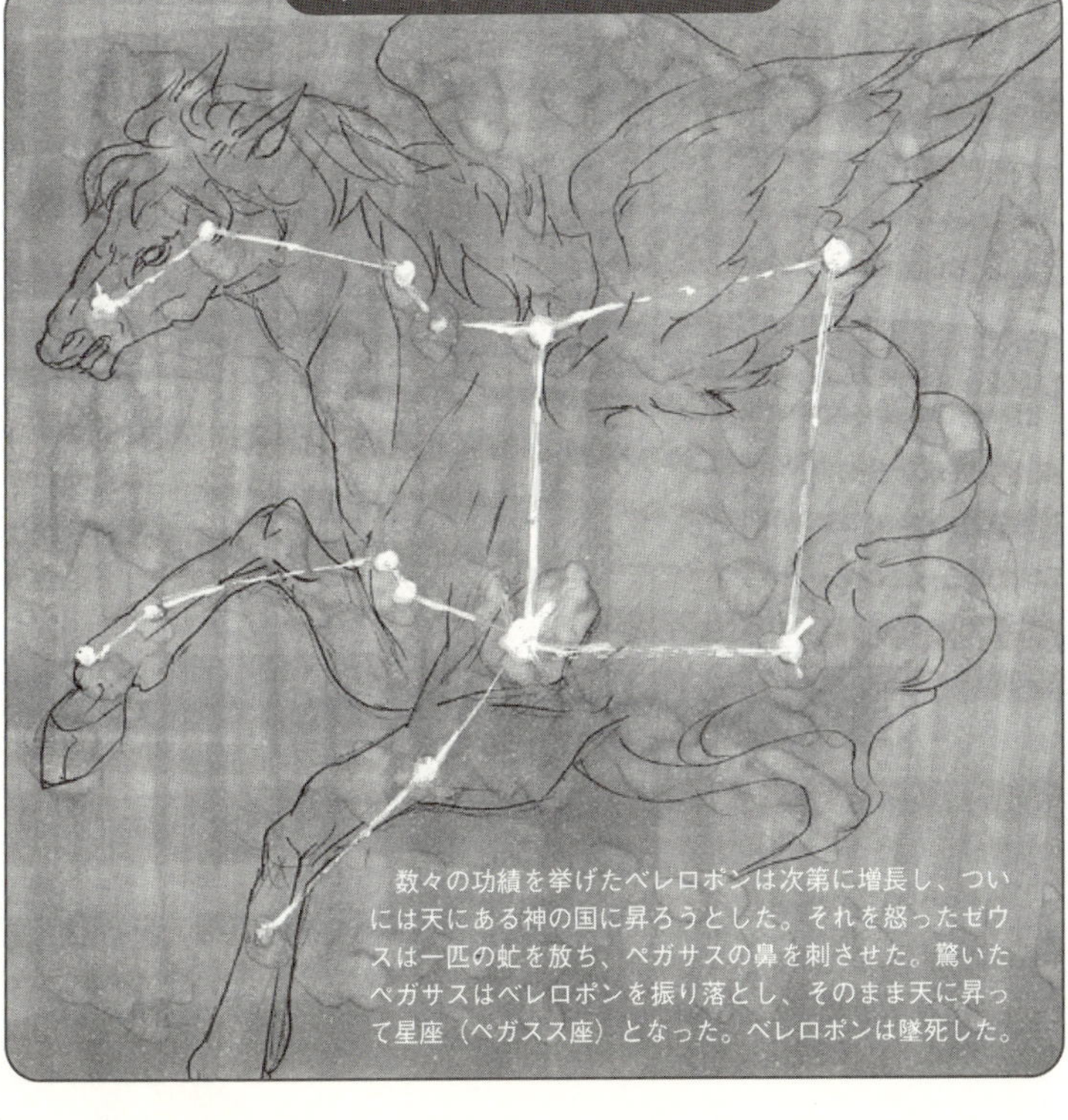

数々の功績を挙げたベレロポンは次第に増長し、ついには天にある神の国に昇ろうとした。それを怒ったゼウスは一匹の虻を放ち、ペガサスの鼻を刺させた。驚いたペガサスはベレロポンを振り落とし、そのまま天に昇って星座（ペガスス座）となった。ベレロポンは墜死した。

バリ島の守護神

バロン

魔獣から聖獣へ

バロンはバリ、スマトラ、ジャワ島の文学や劇、伝承に登場する聖獣である。日本の獅子舞に似た赤く巨大な顔を持ち、全身は長い毛に覆われている。曲がりくねった体をしていて、醜悪な視線と鋭い牙を持ち、ドラゴンに例えられることもある。元々は人間を襲う魔獣であったためか、見るからに醜い姿であるが、次第に人間の守護神へと変化していく。

果てしなく続く均衡状態

バロン劇はこの地に古くから存在し、厄災で死者が出たときに寺院で演じられる奉納舞踏である。一九三〇年代からは『**マハーバラタ**』の物語の一部を取り上げた一時間版の簡易劇が翻案され、観光客に向けて頻繁に上演されるようになった。このストーリーには勢力の均衡というインドネシアの世界観が根底にあり、果てしなく続く、終わりのない物語になっている。

王妃は愛する王子が死神の生贄になることを知って悲しみに暮れていた。何とか王子を守ろうと必死に抵抗する王妃に死神は呪いをかけ、王妃自身の手で王子を木に縛り付けるように仕向ける。これを見て哀れに思った**シヴァ**神は王子に不死の身を与えて、死神と闘うように導く。そうとは知らずに生贄の儀式を始めるものの、不死の身となった王子をどうすることもできない死神は自らの敗北を認め、昇天できるように殺して欲しいと懇願する。やがて死神の肉体は滅びたが、残った魂が弟子に移って凶悪な魔女**ランダ**に変身を遂げる。同時に王子も真実の神バロンに姿を変えるが、両者の力が拮抗しているため、戦いが永遠に続いていくのである。

ランダとバロン

ランダとバロンは魔女と聖獣という善悪が戦う簡素なものではなく、それぞれを対に考えることができる。ランダは悪、夜、病、老い、バロンは善、太陽、解毒、若さの象徴である。これらは善と悪が両義するファジーな存在で、両極に位置するものではない。

ランダ	バロン
悪	善
夜	太陽
病	解毒
老い	若さ

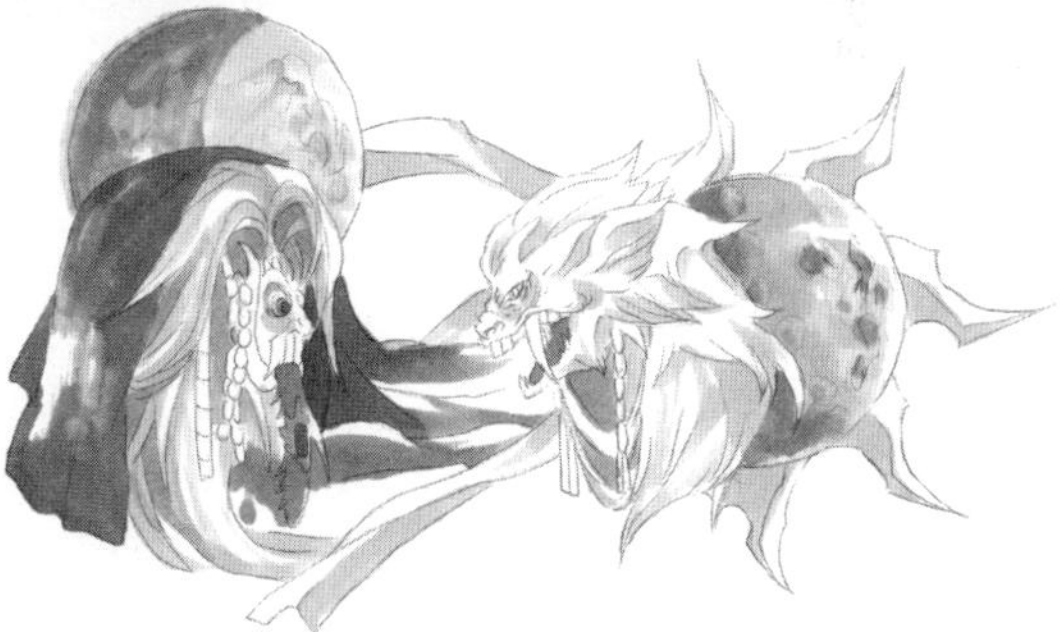

インド神話に登場する神鳥

ガルーダ

儀礼の祭壇に欠かせない守り神

ヒンズー教の三大神の中の、宇宙を維持する神**ヴィシュヌ神**を乗せて飛ぶ鳥の王**ガルーダ**。その姿は鷲（鷹ともいわれている）のような完全な猛禽だと考えられたいたようだが、現在残っている多くの彫像などでは、頭、鉤爪、翼、嘴を持ち、胴体は人間の姿をしているのが一般的である。

その誕生には諸説あり、五百年の時を経て卵から孵るとも、聖者カシュパヤとその妻のヴィナターの間に生まれたともいわれている。名前はｇｒ（飲み込む）に由来すると考えられている。

ヒンズー教だけでなく仏教界にも登場する

ガルーダはヒンズー教を飛び出し、仏教の世界にも入り込んでいる。迦楼羅《かるら》、または金翅鳥《こんしちょう》となり、ガルーダの上に立つブッダ

宿敵、蛇神ナーガ

ヴィナターがカシュパヤの第二夫人であるナーギニーに隷属されたとき、ガルーダは不死の飲料アムリタを神々から盗み、それと引き換えにヴィナターを救ったとされる。

これをきっかけに、破壊と創造の神シヴァ神の化身でもある蛇神ナーガと敵対するようになったといわれている。

この両者の戦いは「生と死」、「善と悪」との永遠の闘争を象徴しているという。

釈迦の姿がしばしば見られている。日本仏教でも影響は見られ、迦楼羅のイメージが天狗となったともいわれている。また、不動明王の背後にある炎は迦楼羅炎《かるらえん》と呼ばれ、これはガルーダの吐いた炎といわれている。

イスラム教国のインドネシア、仏教国のタイでは国章とされており、東南アジアの国々の貴族や王族にもガルーダを紋章にしたものが見られる。インドネシアの国営航空会社、ガルーダ・インドネシア航空もそのロゴマークにガルーダを用いている。

悪鬼としてのガルーダ

スリランカの伝承に登場する悪鬼に「グルル・ヤクシャ」という魔物がいる。これはガルーダが悪魔化された存在とされている。これは仏教を信仰するスリランカの部族にとって、インドで崇拝されるヒンズーの神々は敵対関係にあったからで、このガルーダももれなく悪鬼とみなされていたようだ。

北欧神話の最高神が駆る神獣

スレイプニル

海の上をも神速で駆け抜ける軍馬

前足四本、後ろ足四本の合計八本の足がある軍馬**スレイプニル**は、北欧の神々の王**オーディン**の愛馬で、その名には「滑らかに動く」という意味がある。八本も足があっては足が絡み合ってしまうところだが、スレイプニルはどんなものの上でもすばやく跳び越し、水でも空気でも大地でも、彼をさえぎるものはなかったという。また、半身半馬の姿をしていたともいう。

神話の中にも、人間ハディングがオーディンに助けられ、神のマントにくるまってスレイプニルに乗る物語がある。ハディングは決して下を見てはいけないと言われていたのにもかかわらず見てしまう。このときスレイプニルは海の上を駆けていたという。

スレイプニルの親は……

神々の要塞アースガルドを再建する際、1人の巨人がひと冬でその城壁を完成させるかわりに、月と太陽を手に入れ、女神フレイヤと結婚したいと要求した。ひと冬ではできないと高をくくった神々はこれを承諾したが、巨人はスヴァジルファリという立派な馬を持っており、この馬の活躍により春が訪れる前には城壁は完成間近になっていた。

これに狼狽した神々は悪神ロキに知恵を授け妨害させることにする。策略家のロキは美しい牝馬に化け、スヴァルジファリを誘惑して仕事を怠けさせ、城壁の完成を妨害してしまう。

このとき牝馬に化けたロキとスヴァルジファリとの間に生まれた仔馬スレイプニルが、ロキからオーディンに渡ったという。

巨人との競争にも圧勝

スレイプニルの速さはヨーツンヘイムに棲む巨人、**フリングニルの金のたてがみ**という馬、との競争の際にも証明されている。

　オーディンとフリングニルとが互いの馬自慢をした後、競争をすることになる。先に走り出したのはオーディンとスレイプニル。フリングニルがまたがったときには既に遥か前方の丘を越えていたという。必死に追いかけるフリングニルを振り切り、いつしか十九の河を跳び越えて神々の国まで到達していたという。

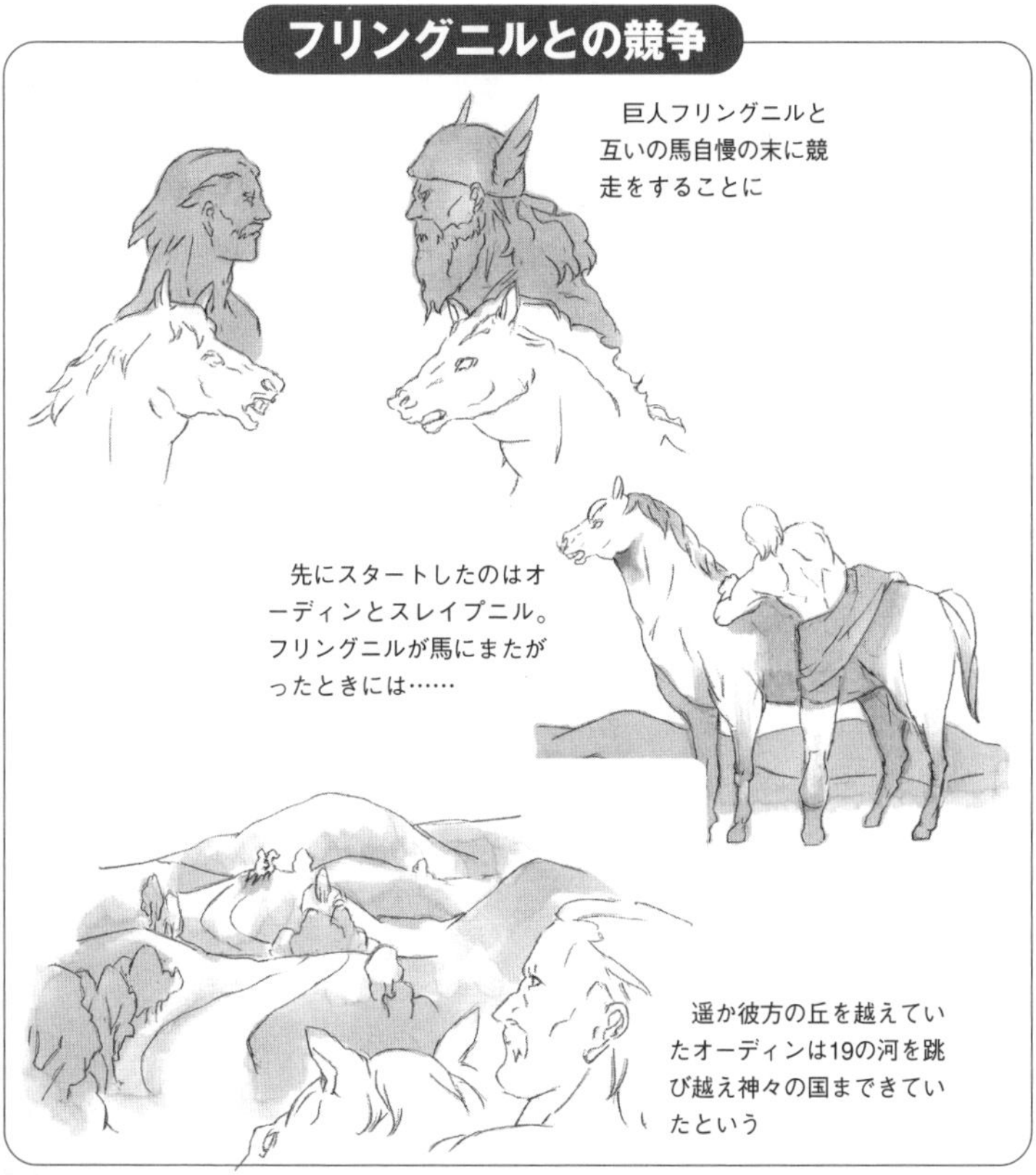
フリングニルとの競争
巨人フリングニルと互いの馬自慢の末に競走をすることに
先にスタートしたのはオーディンとスレイプニル。フリングニルが馬にまたがったときには……
遥か彼方の丘を越えていたオーディンは19の河を跳び越え神々の国まできていたという

王の墓を守り続ける人頭半獣

スフィンクス

エジプトでは神の使い

スフィンクスといえば、エジプトのピラミッドのそばで、西側を見つめて座っている人頭半獣だ。ファラオの顔と胸をもち、下半身はライオンの姿をしている。かたや**ギリシア神話**でも魔獣として登場しているが、それによると**エキドナ**と**オルトロス**の近親相姦によって生まれたと伝えられている魔物の一種だ。本来エジプトでは神の使いとして考えられてきた。

古代エジプトでは**ファラオ**の守護者でもあり、神聖な存在だったのに、それがなぜギリシア神話では魔獣として登場することになったのかよくわからない。おそらくエジプトを旅したギリシア人が、ピラミッドやスフィンクスの奇妙な光景を見て、神秘的だと感じたのだろう。ギリシア神話が書かれたころ、すでにファラオの時代は遠い昔であり、ギリシア人たちにとってもエジプトのピラミッドは神秘的な古代の謎として語り継がれていた。ギリシア神話では旅人に謎をかけ、謎を解けなかったものを食べてしまうという伝説に変貌しているのは、たぶんそのためだろう。

スフィンクスの起源は古く、エジプトの古王国時代にはすでに登場していた。エジプト神話ではスフィンクスのように、半分獣の姿をした神々が珍しくない。

マザー・コンプレックスの象徴

ギリシア神話では、有名な**オイディプス**の物語の中にスフィンクスが登場する。ここでは、スフィンクスはなぜか上半身女性の姿で翼を持っている。テーバイにある**ビギオン山**の崖の上に現れ、道行く人々を呼びとめ、謎をかけていたそうだ。テーバイの人たちは誰一人その謎を解くことができず、その謎を解いたのはオイディプスだけで、スフィンクスは謎を解かれたことを恥じて崖の上から飛び降りて死んでしまう。スフィンクスが女性の姿をしていることから、精神分析学者のフロイトは、オイディプスとスフィンクスの物語にもマザー・コンプレックスが潜んでいると指摘した。マザー・コンプレックスは、この英雄の名前を取って、オイディプス・コンプレックスとも呼ばれている。

メソポタミア神話にもスフィンクスは登場する。こちらも上半身は女性の姿で、翼があり、ギリシア神話のスフィンクスと似ている。しかし、こちらは死を見守る存在であり、その点はエジプトのスフィンクスと共通した役割を持っている。

中世ではエジプトはアラブ勢力の下に支配されたのだが、マムルーク王朝はスフィンクスを悪魔の象徴とみなし、顔面を破壊したこともあった。

スフィンクスの謎かけ

有名なスフィンクスの謎かけは「朝は4本足、昼は2本足、夜は3本足で歩く生き物は何か？」というもの。
答えは「人間」。答えられないと食い殺される。

太古から存在する王家の象徴
グリフィン
（グリフォン／グライフ／グリプ）

鷲の上半身、ライオンの下半身

グリフィンは、インドの伝承に起源を持つ怪物で、古く三千五百年前には、原型となるべき怪物を描いたタペストリーや印章が存在していたという。

その姿は**鷲**の上半身と翼、**ライオン**の下半身をしているとされている。ライオンの四倍から八倍もあるといわれる巨体の持ち主で、その爪や嘴は強力な武器となる。外見にはいくつかパターンがあり、上半身が鷲ではなくハゲタカであったり、下半身はライオン以外の動物であったり、また尻尾が蛇になっているパターンも存在するようだ。なぜ鷲とライオンを混ぜ合わせた姿をしているのかについては諸説あるようだが、双方とも気高い精神の持ち主であり、広く崇拝を集めていたので、より崇高

もっと知りたい　紋章

グリフィンはその獰猛な性格から「悪魔」の象徴としてとらえられることもあったようだが、天（鷲）と地（ライオン）を支配する存在として宗教的統一を意味し、転じて教会や法王を表すこともあった。

また、勇猛な性格、姿の美しさなどから「王」「王者の風格」「英雄」などを代表する存在としても扱われることになり、後にこれが「王家」そのものを表す役割を担い、紋章などにグリフィンをかたどったものが登場するようになったという。

な存在を作り出すためにこの二つが選ばれたと考えられる。伝説の生物としての歴史はない。

　このため、特にヨーロッパにおいて絵画や紋章のモチーフになり、貴族や国家の紋章にも使われている。

黄金の巣は人間の標的に

　財宝の守護者であり番人と考えられていたグリフィンは黄金を愛していたとされ、巣穴にはどこからか集めた黄金が敷き詰められていたという。そこは中東の砂漠地帯とされている。

　このため、当時の欲の深い命知らずのトレジャーハンターたちは牛などの形をした革袋に身体を隠し、グリフィンにこれを襲わせ、巣に持ち帰ったところで袋から出てグリフィンを襲い、巣に有る宝物を奪って帰ったという。ちなみに、巣の中には瑪瑙《めのう》が大事に置かれており、これはグリフィンの生む卵ではないかといわれている。

神々の馬車馬にもなったグリフィン

　インドから生まれたグリフィンは、その姿の美しさからヨーロッパでも信仰を集めるようになる。それは神話や聖書などで、重要な役割を担った幻獣として扱われていることでも明らかだ。例えばギリシア神話ではゼウスやアポロンの空を走る戦車の馬車を引いていたという伝説も残っている。また、復讐の女神ネメシスの馬車を引くグリフィンは漆黒であったといわれている。アレキサンダー大王にいたっては、グリフィンにまたがって空を飛んだとも、椅子、小舟を繋ぎ空中旅行をしたともいわれている。

シームルグ

人語を理解する智慧の聖鳥

英雄を育むイランの霊鳥

ワシや鷹のような猛禽類の鳥の姿をしていたとされる**シームルグ**には、イランの叙事詩『**王書**』で伝えられる、名高いエピソードがある。古代ペルシアのサーム王に待望の男の子が生まれた。この赤子は健康に恵まれて生まれたのだが、頭髪が真っ白であった。異形を恥じたサーム王は配下に命じて、赤子をエルブルズ山脈の中に捨てさせてしまう。山の頂に棲む霊鳥シームルグは天に向かって泣き叫ぶ赤子を見て哀れみ、自分の雛とともに育てることにする。

月日は流れて、赤子は立派な若者へ成長していた。赤子を捨てた罪悪感に悩み続けていたサーム王は家来を連れて我が子を探し始める。何年もの時を経て、親子は再会を果たし、サーム王は若者に王位継承権を与えようとする。ところが、息子との再会を喜ぶサーム王とは逆に、若者はシームルグとの別れを惜しんで、父の言葉を聞き入れようとしない。そこでシームルグは「国王になり名を挙げよ」と若者を説得し、サーム王の元へと帰した。シームルグから言葉や知識、信仰を授けられて育った若者は多くの功業を成し遂げ、人々からペルシア随一の英雄ザールと呼ばれて王位に就いたのである。

天使
聖獣
悪魔
魔獣

恩に篤い性格

古くからイランに伝わる民譚がある。たった一度だけ過ちを犯し、地下深くに落とされて彷徨う若者がいた。ある日、若者が地底で大蛇に襲われるシームルグの雛を助けたところ、恩義を重んじるシームルグが若者を背中に乗せて地上まで送り届けた。地底から地上までは七層もあり、飛び続ける間に七頭の牛の肉を食べたが、あまりの長い飛行でついに食料が尽きてしまう。水すらも飲むことができず、飢えに苦しみながらも必死に飛ぶシームルグへ若者は自分の足の肉をナイフで切り取って食べさせた。ところが、シームルグはそれを飲み込まずに口の中に含んだまま、地上まで飛び続けたという。そして、シームルグは地上に着いてから、歩行が困難になってしまった若者の足へ肉を戻して、羽ばたかせながら傷を治療したのである。このようにシームルグは偉大な力を持ち、人の情を理解したり、恩義を感じて報いる性格であるため、イランの伝説に最も多く登場する霊鳥となったのである。

シームルグの羽

シームルグの羽には傷を癒す効果があり、その羽ばたきで撒かれる種子はあらゆる植物の起源になったという言い伝えもある。

頭脳明晰、森羅万象に通じた霊獣

白澤（はくたく）

黄帝をもうならせた鬼神妖怪の知識

その昔、中国の黄帝《こうてい》が崑崙山《こんろんざん》の東方の恒山に遊びに出かけ、海辺で出会ったのがこの白澤《はくたく》である。

姿は醜く、牛のような身体を持ち、胴体にはいくつもの目玉が備わっているといわれ、百眼であったり、第三の目が描かれていたり、図によってさまざまだ。

しかしこの白澤、頭脳明晰で、森羅万象に通じており、人間の言葉をも話したという。天地万物を鬼神妖怪にいたるまで支配しようとしていた黄帝であったが白澤には及ばす、その博識を乞うと「混沌としていた宇宙の気がやがて凝縮して物質となり、霊魂から生まれたものは一万一千五百二十種にも及ぶ」と語ったという。

黄帝は白澤が語る鬼神妖怪を絵師に描かせ、その全て

もっと知りたい　黄帝

黄帝は中国神話に登場する三皇五帝の1人で、炎帝を倒して中原を平定したことで知られる人物だ。非常に聡明で博識であり、黄帝の治世に医薬、服装、住居、貨幣、測量、文字の基礎ができたといわれている。

に注釈を書き入れた。この図は**白澤図**といわれ、世界最古の妖怪図鑑であり、妖怪画で名高い江戸時代の画家鳥山石燕《とりやませきえん》はこれにちなんで、自分の図集の最後に白澤を描いているという。

旅人のお守りにも

こうして日本にも伝わった白澤は縁起のよい霊獣とされ、さまざまな風貌で描かれた。また、黄帝が旅行中に知り合ったことに由来し、白澤を描いた図を持っていると、旅行中に身を守ってくれるとされお守りとして重宝された。

平和のシンボル、瑞獣

人心に尽くし、徳の高い為政者の治世に姿を現して祝福を与える生き物を瑞獣と呼ぶ。平安な治世、または優れた知性を持つ人物が生まれると姿を現す鳳凰、鸞、仁の心を持つ君主が生まれると姿を現す麒麟、他に応龍、霊亀、シェ、九尾の狐などがいる。白澤が黄帝の前に現れたのは、平和な時代を象徴していたとされる。

勝利へ導く神の使い
ヤタガラス

勝利のシンボル

ヤタガラスは日本神話の中に登場する。建国を目指すイワレヒコ（後の神武天皇）の軍勢が東征途上で海戦に敗れ、紀伊半島を迂回して熊野（和歌山）で遭難したとき、天照大神《あまてらすおおみかみ》に遣わされて大和（奈良）まで案内する巨大な烏がいた。これが現在も日本各地で祀られているヤタガラスである。古代の熊野は聖地とされ、この世の一切のけがれから離れた清浄な世界として、天皇家や公家がしきりに参詣した信仰の中心地であった。『新撰姓氏録《しんせんしょうじろく》』では、鴨県主《かものあがたぬし》の祖である賀茂建角身命《かもたけつねみのがみ》の変貌とも伝えられる。

　また、ヤタガラスの導きで、後に神武天皇となる**イワレヒコ**は敵勢を討ち進むことができたことから、神の遣いとともに勝利のシンボルとして信仰されているのである。

広がる聖獣の世界　三本足の烏

©1996 JFA

サッカー日本代表のエンブレムでボールを押さえている三本足の烏は、中国の古典にある三本烏と呼ばれるもので、「日の神＝太陽」をシンボル化している。

ヤタガラスの足の本数

一般的にヤタガラスは三本足の烏と言われているが、日本神話が記載されている『古事記』の中には足の本数に関する説明がない。よく知られている熊野三山（熊野本宮大社、熊野速玉大社、熊野那智《なち》大社）の牛王宝印《ごおうほういん》に描かれた無数の烏も飛行中の姿であるために足がなく、那智大社に造られたヤタガラス像も二本足である。

中国には太陽の中に三本足の烏がいたという伝説が残っている。この言い伝えが中国から日本に渡り、太陽の象徴と三本足のヤタガラスが生まれたのではないだろうか。

太陽と烏

大昔、太陽が十個あったせいで大地が焼けてしまったため、皇帝は弓の名手に九つの太陽を射落とし、太陽をひとつだけ残すように命じた。そこで弓使いはそれぞれの太陽に住む三本足の烏を狙って弓を放ったという。また、烏が黒い理由は、烏が太陽の黒点そのものだからという考え方もある。

豆知識　八咫烏

ヤタガラスは大きな烏だが、漢字では「八咫烏」で表され、「咫」とは親指と人差し指を直角にしたときの間の長さを指す単位である。なお、一般的に箸として適する長さは一咫半が目安になっている。

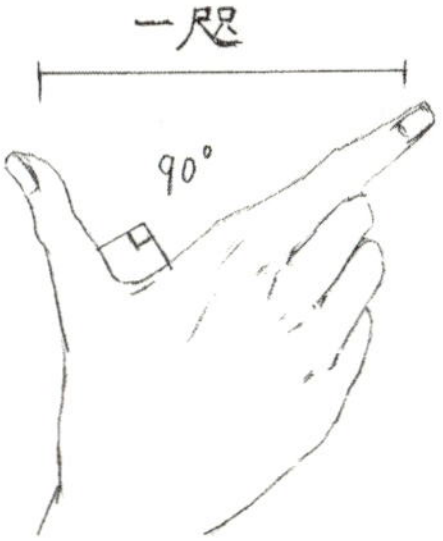

火難を防ぐ琉球の獅子

シーサー

風水から生まれた魔除け像

沖縄にはシーサーという石造りの獅子像がある。元来獅子がいない土地にも関わらず、シーサーが広く信仰されているのは、尚敬王代に編纂された歴史書『球陽』でたどることができる。一六八九年、当時の東風平町富盛では次々と火事が起こり、家が焼け崩れる災いが続いていた。恐怖と不安におののいた人々が風水師に相談したところ、八重瀬岳という火の山の影響だといい、それを防ぐには石造りの獅子像を八重瀬岳に向けて置くようにと導いた。人々がシーサーを造ったところ、火事は起こらなくなり、平和が戻ったのである。狛犬と同じく、源流は古代オリエントのライオン。

風水は中国から伝わった考え方であり、古くからその説に沿って悪霊退散が行われてきた。シーサーの火難除けも中国起源の魔除けだったと想像できる。屋根の上など高台に置かれることが多い。

豆知識　シーサー像

八重瀬町（旧東風平町富盛）の石彫シーサー像
沖縄県指定有形民俗文化財
写真提供：八重瀬町役場

東風平町富盛のシーサー像は村落獅子（悪霊や火難を防ぐ目的の、集落に置かれた石獅子）として最大最古といわれる。火の山として恐れられた八重瀬岳に向けることで、火災を防いだとされる。

火の玉を払う聖獣

沖縄では死者の霊魂がフィーダマという火の玉になって墓場へ向かうとされている。鳥の姿をしたフィーダマは時として台所の瓶に住み着き、火災を起こすことがある。シーサーはフィーダマを追い払う聖獣としても沖縄に根付いている。

シーサーの変遷と種類

・門柱上獅子
屋根がフラットに変化し、代わりに門柱の上にのる獅子像が増える。

・石造獅子
公共の場所で台座の上に置かれる大きな石造りの獅子像。

・屋根獅子
道路に面した屋根の傾斜に漆喰、セメントで造った小さな獅子像。仏教の影響なのか、一対の阿吽像もある。

甲殻類の頂点に立つ防御の神

玄武
（げんぶ）

蛇をまとった黒い亀

玄武《げんぶ》は北方を守護する神として、古代中国で信仰されていた。**四神**の中で他の神に比べて極めて異様なのは、玄武が亀と蛇の複合体で表現されている点にある。一見すると亀に蛇が絡まったようだが、蛇の体が亀の甲羅をくぐって頭と尾を出しているものもあり、これは亀と蛇の交接の形とも言われている。また北方を現す色である玄（黒）の甲羅も特徴である。

もっと知りたい　古代中国の四神

四神それぞれが司る方角によって春夏秋冬を象徴している。

西方を守護する孤高の神獣

白虎（びゃっこ）

中国における虎への信仰

獅子が生息していない中国で一番の猛獣は虎である。**四神**の中で唯一実在する虎は、人々の生活に現実感を伴って溶け込んでいたため、強い畏怖と信仰の念を抱かせ続けていた。しかしながら、実際の虎は大変獰猛であったので、仁《いつくしみ》を最高徳目に掲げる儒教の隆起によって、**白**《びゃっ》**虎**《こ》は聖獣の位置から緩やかに下降をたどるようになる。

西方の守護神と虎の伝承

白虎は西方を守護する神である。江戸時代の百科事典『和漢三才図会』によると、虎が500才になると白虎に変化するという。虎に関する言い伝えは中国中心部よりも西方に多く残っている。これは虎が中国の中でも西方にのみ生息していたことで説明できる。中国には人間が虎に変身する話が伝承されている。

邪悪な念に憑かれてしまい、長らく高熱にうなされながら苦しむ男がいた。

熱が引き、どこまでも走り続けているうちに、虎の姿へ変身してしまう。

人間を襲いたくなる衝動を必死にこらえるのは、一度でも人間を殺せばもう二度と自分が元の姿に戻れなくなるからだ。

皇帝の代名詞になった高貴な龍神

青龍（せいりゅう）

皇帝の代名詞になった高貴な龍神

　天から地底までを自由に飛翔できた龍は、古代中国で聖獣としての象徴を与えられていた。また、**青龍《せいりゅう》**を含む**四神観念**は中国文化に深く根を張り、都市や住居などに大きな跡を残している。とりわけ青龍が担う地脈の判定は土地の良し悪しを左右する上で重要な役割を持っていた。また、皇帝の権力が絶対的なものになると、四神の中でも青龍の地位が高まっていく。それは龍が皇帝の専有物になったためであり、青龍が出世と成功（権力）の象徴と言われるゆえんでもある。東方を守護するとされる。

　五行思想では恵みの雨で豊作をもたらす水神として信仰され、魚などの鱗で被われた生物の頂点に君臨している。

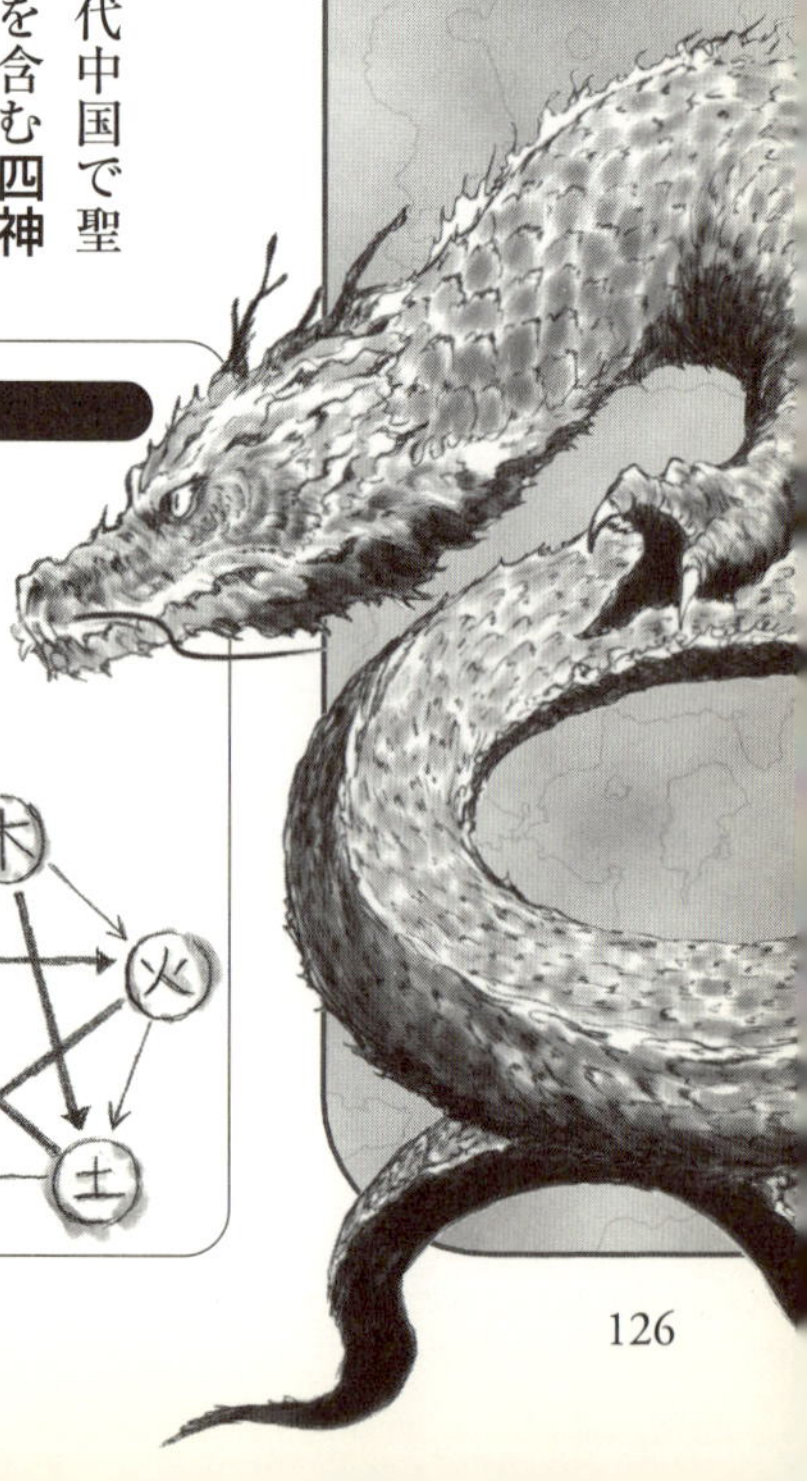

単語解説　五行思想

　古代中国の有力な哲学原理のひとつ。万物を組成しているのは木、火、土、金、水の五元素で、これによって季節や色、方角、惑星の運行などに加え、めまぐるしく変転する人生までをも説明している。

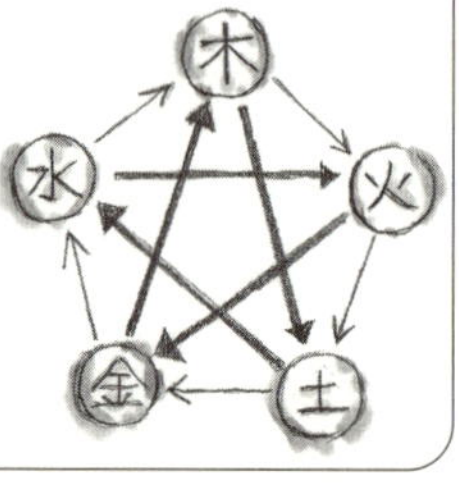

南方を象徴する朱色の鳥

朱雀（すざく）

広げた翼で災厄を祓う

四方を表す四神の中で南を守護するのが朱雀《すざく／しゅじゃく》である。火の鳥のイメージが定着しているのは、朱雀が五行思想において火を表しており、季節は夏を示しているからかもしれない。

その姿は簡略化された孔雀のようである。長い首と龍の紋、鶏のくちばしを持ち、翼を広げた様子で描かれることが多い。緩やかな背で胸は厚く、長く伸びた尾も特徴的である。

天へ導く炎の霊鳥

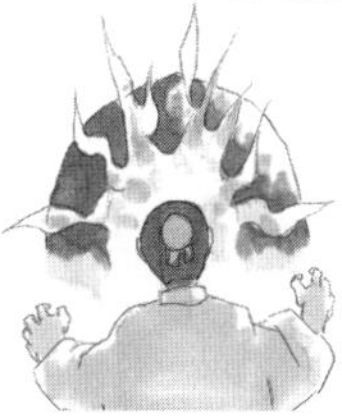

六安に陶安公という鋳物造りの職人がいた。いつものように火を焚いていると、その炎が激しく燃え上がり蒼い光を放った。すぐに神事と悟った陶安公が炎に向かって拝礼すると、朱色の鳥が舞い降りた。

朱色の鳥は「炉が天に通じた。七月七日に赤い龍がおまえを迎えに来る」と告げると天高く消えていった。

七月七日になると、お告げ通りに赤い龍が現れ、陶安公は背にまたがり東南へ昇天したのである。

紋章獣について

西欧によく見られる紋章の中には、具象図形（チャージ）として実在、架空にかかわらず生き物が描かれることが多くある。それらは決まった規定、パターンの中で管理されながら、家の章となるために様々な主張をして描かれている。

●獅子

百獣の王は王権を象徴していることが多い。三連獅子紋章はイングランド王家の紋章を表している。

●鷲

鳥類の王者として、力強さ、高貴さを表している。ナポレオンやイギリス王室も鷲を紋章とし、双頭の鷲はローマ皇帝の紋章だった。

●犬

誠実さや忠実さを表し、十字軍の戦士を表すことが多い。また、現代でも愛犬家は犬の紋章をデザインすることが好まれる。

他にも架空の怪物として、好まれているものもある。

●グリフィン

グリフィン自体が鷲とライオンを組み合わせた混成加工動物なので、より強大さ、権力を表現している。

●ワイバーン

ドラゴンのような容姿に二本の脚が生えた怪物。ヨーロッパの紋章のなかでもレパートリーのひとつとして地位を確立している。

悪魔

地獄の住人であり、地上に様々な災厄を振りまく元凶となっている悪魔。神々や天使に背く存在として、私たちに根付き、常に恐怖の対象となっている。一言で悪魔といっても、天界を追われた堕天使であったり、異教の神の姿だったり、その種類は世界各地に数多く存在しているのだ。

悪魔のエピソード

聖なるものに背く地獄からの反逆者

神々や天使が転じて邪悪な存在となる

怖い、恐ろしいという印象を与える「悪魔」「魔王」「魔人」。その存在は、神や天使に背く存在として、私たちに根付き、常に恐怖の対象となっている。「悪魔的」「悪魔のような」といった表現は、宗教に関わりなく、日常で使われているほどだ。

悪魔も天使と同じように、厳格にその定義を表すことは容易ではない。一言で悪魔といっても、怪物、妖怪、魔物と類似している種類は数多くいるからだ。

本書においては、聖なる存在に背くもの、を基準とした。堕天使、悪魔、魔神といった存在は、地獄の住民であり、地上に様々な災厄を振りまく元凶として登場している。完全に善に反逆する、悪の存在として描かれているものを紹介している。彼らは人間を悪の道に引き込み、自分達の仲間にしようと狙っているのだ。

ところが、西欧における悪魔の存在というのは、天界を追われた天使であったり、異教の神の姿だったりする。「傲慢」「不従順」「欲情」などの罪を犯した天使は、神の怒りを買い、堕天使となってしまったのだ。善悪は相対的なものであるが、その立場によっては全く違ったものとなる。また、創造されたときから完全なる悪として存在しているものもいる。

人間は自分たちの理解を超えているものに対しては恐怖感を抱くものであるが、その対象を具体化させたものが悪魔であるといえるだろう。それが古代においては、人知を超えた自然現象であったり、異教徒、異文化であったりした。悪魔とすることで敵意や恐怖の対象とするしかなかったのであろう。しかし、その怪しさにまた新たな魅力を感じるのかもしれない。

各地に存在する悪魔

世界各地における悪魔の記述のされ方にも特徴が見られる。最も悪魔らしい存在として名高いのが、西洋の悪魔の大王とされているルシファーであろう。また、蝿の姿をしたベルゼブブやソロモン七十二柱を中心とした悪魔の世界は特徴的だ。

西欧社会を中心としたユダヤ＝キリスト教においては、神に逆らったがために天界を追放された堕天使が多い。元は聖なる存在が悪行を行ったために立場が転じてしまったのだ。もちろんすべての悪魔が堕天使とは限らず、バフォメットのように異教の神を悪魔化して取り込んだ場合もある。

ゾロアスター教においては、聖なるものが転じて悪に変わるということはない。悪は創造されたときから絶対的な悪であり、善とは交わることは

ソロモン72柱

「柱」とは、神道で神体や遺骨などを数える語である。ソロモン72柱はイスラエル王国の第3代の王であるソロモン王が書いたとされる魔法書『レメゲトン』の中に挙げられ、封じたとされる72の悪魔のこと。各々の悪魔が地獄において階位を持ち、その下には膨大な数の堕天使、悪魔を率いた軍団を従えている。

構成する悪魔には、他の宗教・神話の神だったものも多く、文献や表記方法によって72以上存在するとされている。

ない。神の敵として神格化されてはいるが、最後には悪魔は必ず滅びるとされ、天使を始めとする聖なる存在が勝つことは決まっているのだ。

イスラム教の悪魔としては、イフリートとグールを挙げた。どちらも人間に危害を加える存在としては有名であり、そういった点ではメソポタミア地方に伝わるパズズも同じである。

また、仏教における悪魔的な存在としては魔羅が知られている。

ダンテ「神曲」における地獄の階層

ダンテは地獄を九階層に分け、その様子を描いている。

第一階層	洗礼を受けなかった者が行く場所。辺獄ともいう。
第二階層	愛欲者の落ちる場所。
第三階層	大食の罪を犯した貪欲者が落ちる地獄。ケルベロスに引き裂かれる。
第四階層	浪費の過ぎた者、けちな者が、互いにののしりあう地獄。
第五階層	憤怒者が落ちる場所で、罪人同士で殺しあう。
第六階層	異端者、異教徒が落ちる地獄。
第七階層	隣人や自己、自然などに対して暴力をふるった者が落ちる地獄。その暴力の種類に応じてさらに振り分けられる。
第八階層	悪意を持って罪を貸した者が落ちる地獄。汚職者、誘拐犯、盗賊などがここに落ちる。
第九階層	裏切り者、反逆者が落ちる地獄。魔王が氷づけになっている。

悪魔の大王　ルシファー

ゾロアスター教における魔王
アーリマン

悪魔の種類

イスラムの魔神　イフリート

仏道修行を邪魔する存在　魔羅

神にもっとも愛された元天使
ルシファー

自他共に認める「地獄の王」

悪魔の世界において、数多の悪魔たちの長として地獄に君臨し、自他共に認める**「地獄の王」**なのが**ルシファー**（サタンの別名）である。ルシファーは彼の部下たちと、隙あらば人間たちを堕落させて地獄に引き込もうと策を尽くし、人間を誘惑しているのである。

サタンが「敵」や「反逆」を意味したのに対し、ルシファーの名前は、**「明けの明星」**、**「暁の子」**、**「光を運ぶ者」**などの、輝かしい意味を持っている。しかもルシファーは、かつて天使の中で最も位の高い**大天使長**であり、神にもっとも近い存在であり、そして神からもっとも愛された天使だったのである。また、天使の中でも特別な十二枚の翼を持った、光り輝く美しい容姿をしており、大天使**ミカエル**と双子の兄弟であるともいわれる。

そんな、天使の中でも最も力を持ち、将来も嘱望《しょくぼう》されていた大天使ルシファーであったが、反逆を起こして神の怒りを買ったことにより、地の底である地獄へと落とされるのである。

神の近くにいすぎてしまったからなのだろうか、ルシファーはしだいに「自分こそ神にふさわしい

のではないか」という思いを抱くようになる。そして神に取って代わるべく、自分に従う天使たちを集めて神に反旗を翻《ひるがえ》したのだった。ミカエル率いる天使軍との長く激しい戦いの末、敗れたルシファーら反逆天使軍は天から追放され、ルシファーは地獄の王となったのである。**ミルトン**の**『失楽園』**によれば、この時ルシファー側についた反逆天使の数は、天使全体の三分の一にも上ったという。

神に背いて地獄の王となる

また、ルシファーが天から追放された理由には別の説がある。それは、人間への嫉妬によるものだという。自分の姿に模して人間を創った神は、人間たちに限りない寵愛《ちょうあい》を注ぎ、天使以上の優遇を与えようとした。しかし、自分たちより下位な存在であるはずの人間が神から寵愛《ちょうあい》を受けていることに嫉妬や不満を募らせたルシファーは、同じような感情を抱く天使たちや、彼に従う天使たちを集めて反乱を起こし、神に挑んだのである。しかし、こちらの説においてもルシファー率いる反逆天使軍は、ミカエル率いる天使軍に敗れ、天から追放される運命をたどるのである。

広がる悪魔の世界

文学や映画、絵画、音楽の世界など、ルシファーを題材にした芸術作品は少なくない。小説や叙事詩などの文学作品を例にとってみると、ミルトンの『失楽園』やダンテの『神曲』などが、ルシファーを扱っている作品の代表といえるだろう。特にミルトンの『失楽園』においてはルシファーを中心とした物語の展開になっており、後の「ルシファー観」に大きな影響を与えている。また、ルシファーがある種英雄的に描かれているのも特徴であり、他の悪魔や堕天使も個性豊かに描かれている。悪魔を語る上で欠かせない、エポック的な要素を持った作品だといえるだろう。

加えて、過去から現在に至るまで、多くの画家や音楽家など、さまざまな表現者たちがルシファーを題材にとって絵画や音楽、映像などを制作していることを考えると、「ルシファー」という存在が芸術家たちにインスピレーションをもたらす存在であることには間違いないようだ。

アダムとイブを「罪」へと導く

エデンの園に暮らす**アダムとイブ**（またはエバ）は、神（ヤハウェ）から「ここにあるどの木の実を食べてもよい」という許しを得ていたが、ただひとつ、園の中央にある木の実だけは食べないようにと強く禁じられていた。そこへ人間に罪を与えようと企むルシファーが蛇に変身して現れる。そして、その**「禁断の木の実」**を食べるようイブを言葉巧みに誘惑するのである。

そして、イブはこの禁断の木の実を食べてしまい、その後、アダムもイブにすすめられて禁断の木の実を口にしてしまう。このように神の禁を犯してしまった（＝**原罪**《げんざい》）アダムとイブの二人は、楽園を追放されることになる。こうしてルシファーは人間に罪を負わせることに成功したのである。そして、この「原罪《げんざい》」は、**「苦しみ」**や**「死」**という罰に姿を変えて、アダムとイブ以降の全ての人間に影響を及ぼすとされるため、ルシファーは人間へまたとない復讐《ふくしゅう》を遂げたといえるのである。

もっと知りたい　原罪

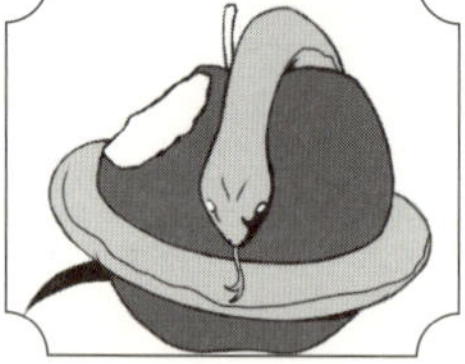

神に食べることを禁じられていた禁断の木の実とは、「善悪を知る木の実」のことを指す。神の命に背いてこの木の実を口にしたアダムとイブは、知恵がつき（それ以前は無知、無垢だった）、自分たちが裸でいることに羞恥心を覚え、イチジクの葉でその体を隠したという。アダムとイブが禁を犯したことを知った神は激怒し、二人をエデンの園から追放したのだった。また、追放された二人は、初めての「夜」の訪れに驚愕し、恐怖を感じたという。これは、エデンの園は常に昼間だったためである。

そして、神に背いた罪はその後も二人の子孫であるすべての人間に及んでいるため、人間は生まれながらにして罪や苦しみを背負っているといわれるのである。また、人間の「死」は、この罪を贖《あがな》うための代償であるといわれる。

ルシファーが大天使長から悪魔になった理由

天使の中でも「大天使長」という最高位にいて、神からも深く愛され、天使の中でも最高の気品と美しさを備えていたルシファー。そんな彼が天から追放され、悪魔になった理由には2つの説がある。

①の説『傲慢《ごうまん》』

神にもっとも近い地位にいたルシファーは、自分は神よりも偉く、自分こそが神にふさわしいと思うようになった。

そして神に取って代わるべく自分に従う天使を集めて神に反旗を翻《ひるがえ》した。ルシファー率いる反逆天使軍と大天使ミカエル率いる天使軍の間での長く激しい戦いの果てにルシファー軍は敗北。

②の説『嫉妬《しっと》』

天使の姿を模して人間を創った神は、この人間に寵愛《ちょうあい》を注ぎ、天使以上の優遇を与えようとした。

自分達より下位な存在である人間が神から寵愛《ちょうあい》を受けていることに嫉妬・不満・怒りを募らせたルシファーは、同様にそのことへの不満を抱いていた天使たち、そして彼を慕っていた天使たちを集めて反乱を起こし、神に挑むが敗北する。

戦いに敗れたルシファーら反逆天使軍は天から追放され、地獄へと投げ落とされる。そしてルシファーは悪魔たちの長として地獄に君臨するようになるのである。

強大な力を持つ「蠅の王」

ベルゼブブ

地獄でルシファーに次ぐ権力を持つ

ベルゼブル、ベルゼバブ、ベルゼビュート、ベールゼブブなど、さまざまな名前で呼ばれるベルゼブブは、地獄の王・**ルシファー**に次ぐ実力を持つとされる大悪魔で、多くの悪魔を統括する地獄の大君主といわれる。その歴史は古く、聖書にも登場する「由緒正しい」悪魔であるといわれ、魔術師や妖術使いにとっても重要な位置を占める存在である。また、**「悪魔憑き」**を起こす悪魔としても広く知られている。

その姿は一般的に蠅の姿で知られているが、他にも思慮深い王の姿や巨大な子牛、尾の長い牡山羊など、さまざまな姿で表される場合もある。

「ベルゼブブ」という名前は、ヘブライ語で**「蠅の王」**という意味を持つ「バアル・ゼブブ」から由来しているとされる。しか

豆知識 **悪魔憑き**

「悪魔憑き」とは、悪魔に取り憑かれた人間や状態のことをいい、その歴史は古い。また、キリスト教世界だけでなく世界中で同様の現象はみられる。日本の「狐憑き」も「悪魔憑き」と同じような現象だといえるだろう。

この状態になった者は、ヒステリックな言動を繰り返したり、凶暴になったり、幻覚をみたり、体の自由が利かなくなったりする。

カトリックでは護符《ごふ》や聖水《せいすい》、聖体《せいたい》などを使った「悪魔祓《あくまばら》い」が行われることが多い。

しその「バアル・ゼブブ」も、もともとは「高い所の王」という意味を持つ「バアル・ゼブル」から来ているのである。つまり地獄の君主であり、悪魔の中でも強大な力を持つとされるベルゼブブだが、最初から「悪魔」という存在ではなかったのである。

ベルゼブブはもともとカナン地方の神であり、広く人々の支持を集める存在だった。しかし、キリスト教世界が広がるにつれて「悪魔」として貶められていくのである。

また、現在では「汚らわしいもの」や「邪魔なもの」などマイナスのイメージが強い蠅だが、古代では魂を運ぶものであると考えられていたこともあり、神殿で蠅に生贄《いけにえ》を捧げることもあったという。

人間に取り憑く「悪魔憑き」の悪魔

ベルゼブブは「悪魔憑き」に関わる悪魔としても知られ、過去にベルゼブブによる「悪魔憑き」の事例も多く報告されている。有名な事例としては、十六世紀にフランスのランで起こったニコール・オブリーという女性に取り憑いた例が挙げられるだろう。

ベルゼブブに体を乗っ取られて苦しむニコールは教会に連れて行かれ、悪魔祓いが行われた。しかし悪魔祓いは難航し、ベルゼブブはニコールの体からなかなか出て行こうとはしなかった。そして、その様子をひと目見ようと、教会には連日多くの見物客が押し寄せたという。

広がる悪魔の世界　文学作品に登場するベルゼブブ

ウィリアム・ゴールディングの小説に『蠅の王』（1954）という作品がある。つまり、ベルゼブブをそのものが作品の題名になっているわけだが、この作品の中でベルゼブブは具体的な姿を現してはいない。しかし、「悪」とそのものとして主人公の少年たちを暴力や狂気などの闇へと導き、悲劇を引き起こす存在なのである。

ベルゼブブはジャック・ガゾットの小説『恋する悪魔』（1772）にも登場する。この作品においてベルゼビブブは美女ビヨンデッタに変身し、主人公と恋に落ちるのである。また、この物語をもとにした同名のバレエも有名である。

結局、聖体をニコールに繰り返し与え続けることによって、ようやくベルゼブブはニコールの体から追い払われたのである。

また、この事例に限らず、十六世紀後半から十七世紀前半に起こった修道女たちへ取り憑きや、二十世紀に入ってもベルゼブブによる「悪魔憑き」の事例が報告されている。

現代になってもベルゼブブの強大な力は保たれており、人間を脅《おびや》かし続けているといえるだろう。

イエス・キリストを冥府に閉じ込めようと画策

『ニコデモ福音書』には、冥府《めいふ》におけるベルゼブブとイエスとの戦いの様子が記されている。イエスに手を焼いていたベルゼブブは、イエスを冥府《めいふ》に閉じ込めてしまおうと画策《かくさく》。ユダヤ人を巧みにそそのかし、イエスの処刑に成功するのである。そして、イエスが冥府《めいふ》に足を踏み入れたら二度とそこから出さないようにと厳命した。

しかし、死して「栄光の王」となったイエスが冥府《めいふ》の門前に現れると、その扉はイエスの光によって崩れ、冥府《めいふ》につながれていた死人たちも開放されてしまう。これはベルゼブブたちの完全なる敗北であり、この結果、ベルゼブブは冥府《めいふ》に縛り付けられることになるのである。

また、『マタイによる福音書《ふくいんしょ》』や『ルカによる福音書《ふくいんしょ》』には、イエスが病に苦しむ人たちに奇跡を起こした際に、「ベルゼブブの力で治したに違いない」という人がいて、それに対してイエスが「どんな国でも、内乱が起こればその国は成り立たない」と返したというエピソードが記されている。つまり、悪行をする悪魔が「奇跡」に力を貸せば、それは「内乱」であり、そんなことがあるはずない、ということである。

さまざまに表されるベルゼブブの姿

「蠅の王」として有名なベルゼブブの姿は一般的に蠅のイメージで表されるが、蠅以外の姿で現われることもある。

また、コラン・ド・プランシーの『悪魔の辞典』によれば、上記のような姿のほかにも、「（パランジェーヌ『ゾディアコ・ヴィテ』によると）途方もなく巨大で、額に火の帯を巻き、頭に2本の大きな角を持つ。胸は厚く膨れ、顔はむくみ、目はぎらつき、眉は吊り上がり、鼻孔は極度に広く、威圧感にあふれる風采である。肌はマウル人のように真っ黒で、両肩にコウモリに似た大きな翼が生えている。大きな両足はアヒル、尾はライオン、全身を長い毛が覆う」姿や、青髭《あおひげ》で有名なジル・ド・レエがヒョウの姿に変わったベルゼブブをみたという記述もみられる。

①蠅の姿

②巨大な仔牛の姿

③尾の長い牡山羊の姿

④英知にあふれた誇り高い王の姿

怠惰を愛する恐怖公

アスタロト

天界にも詳しい地獄の有力者

「恐怖公」や**「地獄の大公」**とも呼ばれるアスタロトは、**ソロモン七十二柱**の悪魔の一柱であり、四十の軍団を指揮する大公である。また、西方を支配する悪魔であるもいわれる。怠惰《たいだ》を何よりも好む性格で、人間を放埓《ほうらつ》な生活へと導くとともに、人間の苦しむ姿をみて楽しむという。

アスタロトは過去や未来を見通す能力を持ち、彼を召還した者に多くの知識を授ける。また、あらゆる秘密に精通しており、どんな質問にも進んで答えてくれるといい、天界の事情についても非常に詳しい。

娯楽作品の中のアスタロト

アスタロトは強大な力を持つ地獄の有力者であるだけに、悪魔に関する書籍には必ずといっていいほど頻繁に登場する非常に有名な悪魔である。

また、一般に知られているその姿や性格が大変に「悪魔的」なため、アスタロトは創作者たちから好まれる存在の悪魔であり、悪魔に関する作品に数多く登場してきたのである。

そのため、日本のテレビゲームや漫画などの娯楽作品においてもアスタロトが登場するものは少なくない。

テレビゲームでは「女神転生」シリーズ（アトラス）や、「アーサーとアスタロトの謎魔界村」（カプコン）、漫画では魔夜峰央『アスタロト外伝』（秋田書店）、巻来功士『ゴッドサイダー』(集英社)、由貴香緒里『天使禁猟区』（白泉社）などにその姿をみることができる。

強烈な悪臭を放ち出現する

その姿は全身黒づくめであり、唇は血で染まっているという。また、アスタロトの吐き出す息は悪臭を放っており大変に有害なため、決して吸ってはならないとされる。そのため、彼を召還する際には、その悪臭を吸いこまないために**魔法の銀の指輪**を鼻の下につけておくことが有効である。そして、巨大な竜もしくは蛇のような怪物にまたがり、手には毒蛇を持った姿で出現するという。

しかし、一方では美しい天使の姿をしているともいわれ、それはアスタロトがもともと天使だったという説から由来している。

自分は「不当」な堕天であると主張

アスタロトはもともと上級の天使だったというが、天使たちの反乱に加わり天から追放されて堕天使となったともいわれる。しかし、アスタロト

もっと知りたい アスタルテ

「美の女神」として名高いアフロディーテやヴィーナスと同じ起源を持つといわれるアスタルテは、同様に美しい女神の姿をしていたと思われる。

また、アスタルテは月とも強く関連付けられていた女神でもあり、三日月を冠した美しい姿でも知られていたのである。

そして、かつて存在したアスタルテの神殿には、巫女たちが売春を行う「神聖娼婦」がいたといわれている。この娼婦たちが行う売春は神聖なものであり、宗教的な意味を持つものであったが、これはキリスト教世界では到底受け入れられるものではなかった。そのため、アスタルテは「野蛮」や「淫猥《いんわい》」などの烙印《らくいん》を押され、悪魔へと貶《おとし》められていったのである。

は自分が不当に天から追放されたと主張しており、天国における自分の復権を信じている。また、召還された際には、天使たちが反乱を起こして堕天された時のことを自ら進んで語る。そして、この時には自分が不当に堕天されたという主張を召還者に訴えることも忘れないという。

「女神」から「悪魔」へと変貌する

また、「アスタロト」という悪魔が生まれた理由の有力な説として、古代フェニキアの女神**「アスタルテ」**を起源としている、というものがある。つまり、時としてほかの悪魔たちにもみられる、キリスト教世界からみた「異民族」の神が貶められて悪魔になった、という説である。

この、アスタロトの起源となったアスタルテは古代フェニキアの豊穣や性愛、生殖などを司る広く知られた女神であり、多くの人々の信仰を集めていた。

またアスタルテは、エジプトの**アストレト**やシュメールの**イナンナ**、バビロニアの**イシュタル**、ギリシアの**アフロディーテ**、ローマの**ヴィーナス**などの名だたる女神たちと同じルーツを持つ、「由緒正しい」女神だといえる。

しかし、アスタルテが性愛や生殖を司る女神であったために、禁欲的なキリスト教的観念の中では淫らで野蛮な「悪」とみなされ、忌み嫌われるようになる。そして、キリスト教の広まりとともに女神から悪魔へと変貌していくのである。

アスタルテと同じ起源を持つ女神たち

異形の姿で現れる好色な悪魔

アスモデウス

「乙女の敵」である地獄の権力者

数多くいる悪魔の中でも特に権力を持つ地獄の有力者であり、七十二もの軍団を率いるのが**アスモデウス**である。アスモダイ、アシュマダイ、アスモデ、シャマダイ、シドナイなどの別名で呼ばれることもある。

色欲、**復讐**、**嫉妬**、**激怒**、**破壊**などを司る悪魔であるが、特にその並外れた**「色好み」**は有名であり、乙女たちの純潔を汚したり、淫乱にしたり、彼女たちの美を奪ったりと、まさに「乙女の敵」といえる悪魔なのである。加えて、夫の背徳《はいとく》行為を助長したり、新婚夫婦を離反するように仕向けるなど、夫婦の仲を引き裂く存在として恐れられている。

異様な姿で召還者の前に姿を現す

また、アスモデウスの姿は人間の身体に**牡牛**、**人間**、**牡羊**の三つの頭、ガチョウのような水かきがある足に、蛇の尾を持つという異様な姿で語られる。一説には、頭部の三つの生き物（牡牛、人間、牡羊）は、どれも性に対して貪欲であるともいわれている。

そして出現するときには、その手に槍と軍旗を持ち、口からは炎を吐き出しながら、竜に乗った姿で現れるという。

召還した者に多くの知識を与える

アスモデウスを召還した者は彼に対して丁寧な対応をすることが必要とされる。そうすれば、アスモデウスの持つありとあらゆる豊富な知識を授けてもらうことができるのである。アスモデウスの持つ知識の分野は天文学や幾何学《きかがく》、数学、力学、工芸術、地理学、機械学など多岐にわたり、未来について見通す力もある。また、財宝についても

ソロモン王の王位を一時奪う
かねてからソロモン王を目障りに思っていたアスモデウスは、策を弄してソロモン王の王位を奪うことに成功する。
いったんは王座を自分のものとしたアスモデウスだが、その後すぐに捕らえられ、鉄枷をはめられてしまう。
そしてソロモン王に命じられたアスモデウスは、エルサレム宮殿の建設に尽力したという。

詳しく、召還したものにそのありかを教えるという。

さまざまに語られるアスモデウスの出自

アスモデウスの出自については諸説あり、情欲や激怒を司るゾロアスター教の古代魔神**アエーシェマ・デーヴァ**だという説や、ルシファーが天から追放された際にともに堕とされた堕天使だという説、**アダム**とアダムの最初の妻であり悪魔となった**リリス**の子供であるとの説、人間たちを監視する役を神から命じられていたにも関わらず、人間の妻を娶《めと》ってしまい堕天した天使のグループである**グリゴリ**の子供だという説など、さまざまに論じられている。

退治されては復活し、悪事を重ねる

いずれも失敗しているが、ソロモン王の王位を奪ったエピソードや聖書外伝『**トビト記**』にある、サラという美しい娘に横恋慕《よこれんぼ》して彼女の夫となるものを次々殺したエピソードなど、歴史の古い悪魔だけにアスモデウスが登場するエピソードは多い。しかし、退治されてもまた復活し、悪事を重ねていることは、アスモデウスが力のある悪魔だということの証明だろう。

「アスモデウスの声明文」

17世紀、フランスの修道院においてアスモデウスが尼僧《にそう》たちに取り憑いたとされる事件が起こった。

そこで修道女たちに対して悪魔祓いが行われることとなった。

すると、アスモデウスはエクソシストの力に恐れをなしたのか、尼僧たちから去ることにし、「尼僧の体から出ていく」という旨の声明文を記したのである。

そして、アスモデウスの署名が添えられたこの声明文は、今もパリの国立図書館に保管されているという。

美しい娘に恋をしたアスモデウス

旧約聖書外典『トビト記』にアスモデウスがサラという美しい娘に恋をし、彼女と夫となるべき男性を次々と取り殺したという話がある。

美しい娘・サラは結婚をするが、初夜を過ごす前に夫は死んでしまう。これは、サラに横恋慕《よこれんぼ》したアスモデウスの仕業であり、その後もサラが結婚するたびに彼女の夫となった男は初夜の晩に次々と殺されてしまう。

こうして七人が殺され、「悪魔憑き」と周りから呼ばれ白い目で見られるようになったサラと結婚しようという男はいなくなった。

そんなとき、トビアとアザリアという二人の若者がサラの住む町にやってくる。

アザリアはトビアにサラとの結婚を勧め、初夜にはあらかじめ捕まえておいたチグリス川の魚の肝臓と心臓をいぶすように教える。

そして初夜の晩、アザリアの言う通りにするとアスモデウスは正体を現し、たちまち逃げ去ったのだった。

実はアザリアは天使ラファエルが人間に変身した姿だった。そしてラファエルは逃げ出したアスモデウスをすぐに捕らえたという。

強大な力を持った東方の王

バール

あらゆる知識を召喚者に授ける

ソロモン七十二柱の悪魔の一柱である**バール**は、地獄において六十六の軍団を指揮している王であり、地獄の東方を治めているといわれる。その姿は、猫、人間、ヒキガエルという三つの頭に、クモの体を持つという異様なもので描かれることが多いが、それぞれ単体の姿で出現することもあるという。また、その声はしわがれているが、威厳に満ちたものであるといわれる。バールは、召喚されると透明になる方法や変身の術を授けてくれるという。加えて、あらゆる知識や策略にも精通しており、召喚者にその知識を与えてくれるのである。このように、まさに「大悪魔」と呼ばれるにふさわしい、地獄で強大な権力を持つバールであるが、実はもとから悪魔だった訳ではない。

バールはもともとは豊穣《ほうじょう》を司る古代神であり、**カナーン**や**フェニキア**、**バビロニア**など広い地域で、多くの人々から信仰を集める神聖な存在だったのである。そして、各地に神殿が建設されるほど、その信仰は古代の人々の生活に根ざしていたものだった。しかし、キリスト教が広がっていく中で、他のキリスト教世界からみた「異教神」たちと同じように、バールも「邪神」とされ、ついには「悪魔」となっていったのである。

バールの失敗・アッピンの赤い本

生贄に最適な羊飼いの少年を発見したバールは、その魂を手に入れるべく立派な紳士に変身して少年に近づき、好条件を提示して自分の下で働くように誘惑する。そして赤い表紙の本を取り出して少年にその本に署名するよう促す（これに名前を書くと魂はバールのものになってしまう）。

しかし、賢明な少年は「まず今の主人に相談する」といい、翌日の夕方に再び同じ場所で会うことを約束してバールと別れる。そして、少年からその出来事について聞いた主人は「紳士」の正体に気づき、「明日約束の場所に着いたら、主の御名を唱えながら自分の周囲に剣先で円を描き、日の出まで決して出ないように」と忠告する。

翌日約束の場所に現れたバールだが、少年は円の内側にいるので手が出せず、その上うまく欺かれて赤い本を渡してしまう。赤い本を取り戻そうとさまざまに手を尽くして少年を脅したバールだが、日の出を前に引き揚げるしかないのだった。

この本が『アッピンの赤い本』であり、この本にはバールに忠誠を誓った悪魔たちの名前に加え、バールの本名も記載されている。これらの名前を正しく発音すればその悪魔を自由に使役できるという。

サタン

謎に包まれた地獄の支配者

人間を堕落の道に引き込む正体不明の誘惑者

悪魔たちの頂点に君臨し、人間を罪に導いて地獄へと引き込む、「悪の支配者」とされるのが**サタン**である。その名前は、「敵」や「障害物」を意味するヘブライ語の「ハ・サタン」に由来しており、サタンは金銭欲や権力欲、色欲など、人間の持つさまざまな欲望につけ込んで堕落させることを得意としている悪魔なのである。つまり、「サタン」という存在はまさに「神の敵」といえるのである。

しかし、これほどまでに名の知れた悪魔であるにもかかわらず、実はサタンの正体についてはいまだはっきりしない。

「サタン」という固有名詞であるとも、「サタン」という悪魔の階級であるとも、また、**ルシファー**の別名であるとも、諸説が入り乱れており、どれが真実の「サタン」なのか判別がつかないのである。

豆知識　サタンとルシファー

サタンとルシファーが同一の存在であるという説は根強い。

エデンの園で蛇に変身し、イブに「禁断の木の実」を食べるように仕向けたのはルシファーであるともサタンであるともいわれていることからも、その存在の近さ（もしくは同一性）が感じられる。

また、サタンの正体がベルゼブブなど他の有力な悪魔であるという説もあるが、たとえどの悪魔がサタンの正体であったにせよ、地獄において強大な権力を持つ悪魔だということには変わりがないのである。

またその姿についても諸説あり、現在では中世の人々が信じた、角を生やし、コウモリのような翼を持ち、全身を剛毛に包まれた怪物のような姿が有名である。しかし、サタンはひとつの姿ではなく、美しい天使の姿や女性の姿など、人間を誘惑するためにさまざまな姿に変身するといわれる。その正体と同様に、サタンの容姿も謎に包まれているのである。

聖書にみるサタンの描かれ方

サタンの姿は新旧両方の聖書でも見ることができるが、その立場は大きく違っている。旧約聖書においてサタンは、神の僕であり、人間を試すための「誘惑者」として存在が位置づけられている。また、「サタン」という言葉自体、一人の悪魔だけを指すものではなく、その大半は「敵」を意味するものであった。

しかし、新約聖書においてサタンはその立場を変え、神の命によって人を誘惑するのではなく、自ら進んで悪行に手を染めるようになるのである。

また、この他にも「サタン＝ルシファー」説や階級説など、サタンの正体にはさまざまな説がある。つまり、サタンは人間を誘惑するだけでなく、その正体をも煙に巻き、人間を翻弄《ほんろう》し続けているのである。

『失楽園』にみるサタンとルシファー

ミルトンの『失楽園』においてサタンは、物語の中心とでもいえるような、大きな役割を果たす存在として描かれている。

また、この物語の中では、「サタン」の、かつての栄光をたたえる場合において「ルシファー」という名前が使われているのである。

つまり、サタンとルシファーは同一人物であり、堕天前と堕天後によってその名前が分けられているということである。

また、サタン(ルシファー)が高位の天使であった頃には別の名前を持っていたとされるが、その名前が語られることはない。

また、『失楽園』の中においてサタンは、堕落して悪に染まったわけではなく、自らの悪意によって人間に害をなすという、その存在自体が「悪」そのものであるとされる。そのため、そんな「神の敵対者」であるサタンは、決して救われることはないのだという。

発明が得意な知恵の悪魔

ベルフェゴール

作戦立案を担当する知謀に長けた悪魔

古代モアブ王国で性戯を司る淫らな神バアル・ペオルがルーツとされる**ベルフェゴール**はルシファー軍の第三副官で、作戦立案の全てを担当していたという。

その名前には**人間嫌い**という意味があるが、これは名前の意味が先にあったのではなく、この伝説をもとにつけられたと考えられている。また、正義や光といった崇高な存在とは無縁で、キリストと対局に位置する存在とされている。

牛の尾にねじれた二本の角、顎に髭を生やした醜悪な姿をした悪魔とされている。発明の才能を持ち、しばしば奇妙なカラクリの木箱に鎮座する姿が描かれている。

女性の姿で放埓な性を強いる

本来の醜悪な姿とは似ても似つかない美しい女性の姿で出現することが多かったというベルフェゴールは、女性の心に性的で不道徳な心を芽生えさせる力を持ち、売春や姦通を行わせるという。

幸福な結婚はあり得るのか

伝説によると、あるとき悪魔たちの間で、**人間の結婚に幸福というものが存在するのかどうか**で大論争になったという。この論争に決着を着けるべく、地獄から地上に派遣されたのがベルフェゴールだったとされている。ベルフェゴールは地上でさまざまな人間模様を観察した結果、幸福な結婚は存在しないということで結論付けた。

西洋には「ベルフェゴールの探求」という古いことわざがあり、これには「不可能な企て」という意味があるが、幸福な結婚を見つけることなど、とうてい不可能ということを意味しているのかもしれない。

人間嫌いの悪魔となった理由

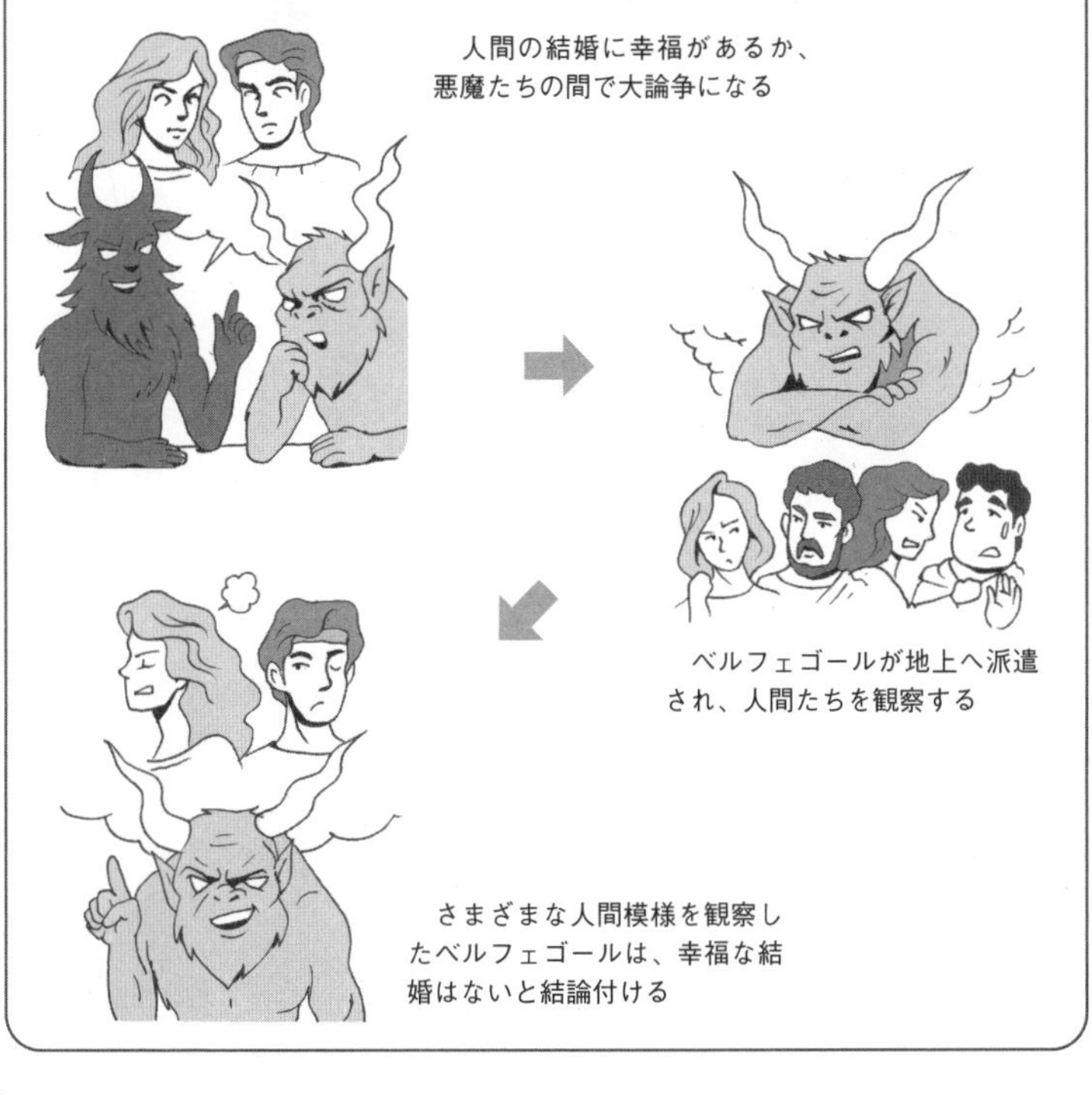
人間の結婚に幸福があるか、悪魔たちの間で大論争になる
ベルフェゴールが地上へ派遣され、人間たちを観察する
さまざまな人間模様を観察したベルフェゴールは、幸福な結婚はないと結論付ける

錬金術師から信奉を集める地獄の公爵
ベリス

全身を真紅の装束で固めた姿で出現

ベリトやベアル、ボルフリ、ボフィなどの異名でも呼ばれる**ベリス**は、召喚されると頭に黄金の冠を戴き、頭から足の先まで全身を赤い装束で固めた兵士の姿で出現する。そして、その際には赤い馬に乗って登場するといわれており、ベリスは強く「赤」と結び付けられている悪魔だといえる。

また、ベリスは表裏の激しい性格であり、しばしば嘘をつくといわれている。そのため、召喚する際には嘘をつかれないよう、そして嘘を見抜けるように慎重に気を払うことが必要となる。

加えて、**ソロモン七十二柱**の悪魔の一柱に数えられるベリスは、地獄において二十六の軍団を支配する公爵であるといい、その力は強大なものだといわれる。

豆知識　錬金術

「錬金術」とは、鉄や銅などの手に入りやすい金属を利用して、金や銀などの貴重な金属を作り出そうという試みのことである。

その歴史は古く、古代エジプトやギリシアなどにまで遡ることができ、また、イスラム世界やアジアにおいても同様の研究はなされた。そして中世ヨーロッパにおいて錬金術の研究は全盛を極めたのである。

現在では「錬金術」は荒唐無稽なものと思われるが、当時では立派な研究であり、「科学」だったのである。そして、錬金術はその後の科学技術の進歩にも貢献したのである。

全ての金属を黄金に変える力を持つ

ベリスは過去・現在・未来に精通しており、その知識を召喚者に教授してくれる。また、野望を持つ者に権力や名声を与える力や歌声を明澄《めいちょう》にするという力も持ち合わせているという。

しかし、彼の持つ能力の中で最も注目されるのが「あらゆる金属を黄金に変える能力」、つまり**「錬金術」**である。

そのため、ベリスは黄金を作り出そうと目論む錬金術師たちから大きな支持を集め、崇拝されているのである。

ベリスの持つ能力

激怒の表情で出現する地獄の王

ベレト

天界への復帰を切望する地獄の有力者

ソロモン七十二柱の悪魔の一柱である**ベレト**は、もとは天使だったというが、天から追放されて悪魔となったといわれる。そして、現在は地獄で八十五もの軍団を率いる偉大な地獄の王の地位についているというが、いつの日か天界に戻ることを夢見ているのだともいう。ベリト、ベレス、ビレス、ビレト、ビュレトなどの名前で呼ばれることもある。

謎に包まれたベレトの姿

ベレトは召喚されると青白い馬に乗って出現するが、ベレト自身の姿は、威厳に満ちた王の姿であるという説があるものの、謎に包まれている。

また、出現の際には楽隊の演奏とともに現れるのだという。

豆知識　魔法陣

「魔法陣」とは、魔術を行う際や悪魔を召喚する際などに用いられる、文様や文字などを用いて床などに描かれた図形であり、とくに円形のものを指して「魔法円」と呼ばれることもある。

魔法陣で区切られた空間の中においては、術を行う者の力が増幅されたり、または弱められたりと、魔力の増幅を調節することができる。

また、悪魔などを召喚する際にも、魔法陣は重要な役割を果たすものであり、異界との接点や結界の役目も担うである。

人間界へ呼び出されることを極端に嫌う

ベレトは召喚されることを極端に嫌い、出現の際には非常に不機嫌で怒りに満ちているだという。そのため、召喚者は丁寧な対応を求められるのである。

召喚の際には、「魔法の三角形」と呼ばれる**魔法陣**の中にベレトを呼び出すことが必要になる。そして、礼節を重んじ、かつ堂々とした態度で接することが重要である。もし、ここでおびえた様子などをベレトに見せてしまえば、二度とベレトからまともに扱ってもらうことはできないのである。また、召喚の際には魔法の銀の指輪を装着することも忘れてはならない。

このように、召喚に大きな苦労や配慮が必要なベレトであるが、あらゆる力を与える能力や男女の間に恋愛感情を芽生えさせるという能力を有しているため、召喚者たちからたびたび呼び出される存在なのである。

ベレトを召喚するために必要なもの

ベレトを召喚する際には多くのものが必要になる。まず、ベレトを呼び出すには、東南の方向に向き、ハシバミの枝で「魔法の三角形」の魔法陣を描かなければならない。

そしてベレトが現れたら、魔法の三角形の中にワインを差し出すとよいとされる。そうすればベレトは気を許し、より従順に召喚者の望みを聞いてくれるのである。また、その際には必ず左手の中指に魔法の銀の指輪をはめておくことが重要である。そして、ベレトに時折指輪の存在をちらつかせる工夫も必要なのである。

悪魔のイメージを代表する異端の偶像

バフォメット

名前の由来はマホメットから

魔女たちの悪魔崇拝の祝祭**サバト**や、同性愛などと深い関係があるとされている悪魔**バフォメット**。その姿は黒山羊の頭、額には五芒星《ごぼうせい》を刻印され、黒い翼を持った人間の姿で描かれることが多い。また、髭をたくわえた男の頭に、女の乳房と翼を持った姿で描かれることもある。

　その名はキリスト教の敵、イスラムの預言者マホメットの発音が変化したものと思われ、その名が示すとおりイスラムに関係した悪魔で、中近東と接触のあった西洋の人間がもたらしたと考えられている。

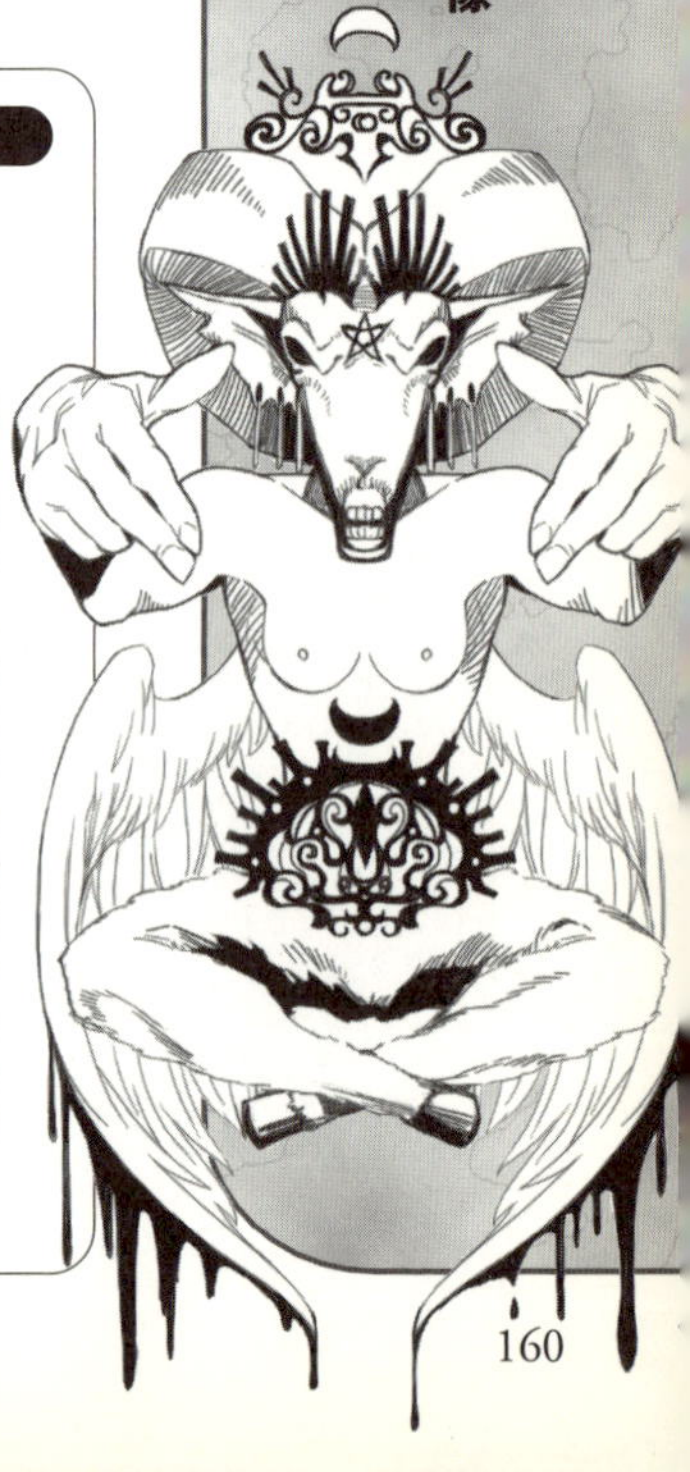

もっと知りたい　サバト

　サバトとは悪魔の王を崇拝する魔女や悪魔崇拝者たちが行う会合のことで、人里離れた田舎で行われることが多かったとされており、動物や鳥などの生贄の血を飲んだり、バフォメットに接吻するなどの儀式が行われていたという。また、魔女や悪魔崇拝者たちによって無差別な性行為が行われていたともされている。

十二世紀に結成された宗教的秘密結社**テンプル騎士団**がこの悪魔を信奉していたとの噂があり、壊滅させられてしまう。

十九世紀にフランスの魔術師エリファス・レヴィが描いた「メンデスのバフォメット」が有名になり、人々に広く知れ渡るようになる。タロットカードの悪魔に描かれているのもバフォメットだとされている。

異教の像を崇拝したとされたテンプル騎士団

テンプル騎士団は、十字軍の遠征にも参加した騎士修道会である。また、国際銀行の元となった独自の金融システムを発達させたことでも有名。14世紀初めに異端、同性愛、バフォメットの崇拝などで告発を受けるのだが、実際に告発されるような事実はなく、金融システムなどによって豊かになり、力を着けた騎士団の壊滅と資産を狙った教会側の陰謀ではないかと考えられている。

リリス

神に創造されたイヴ以前のアダムの妻

奔放な性を楽しむ

リリスは女の顔をしており、翼と長い髪を持つ夜行性の悪魔だ。新生児を見つけたらさらうか絞め殺し、寝ている男を見つけたら悪魔の息子をもうけるため誘惑しようと空を飛び回っている。

彼女は**アダムの妻**としてイブよりも先に神に創造されたとされており、アダムとリリスは毎日性交をしていたという。しかし、彼女は奔放な性を楽しむ性格で、正常位にこだわるアダムに対し、獣じみた体位などを要求したという。これにより二人は仲違いし、リリスはアダムのもとを去る。これを悲しんだアダムを哀れんだ神は、彼のもとに戻らなければ彼女の子供を毎日百人ずつ殺すと

広がる悪魔の世界　映像作品中のリリス

文学作品の中でもリリスはしばしば登場する。まず挙げられるのがユゴーの長詩であるが、ここでは完全に否定的な姿が描かれている。近代西洋儀式魔術の秘密結社「黄金の夜明け団」出身の神秘学者であり、悪名を轟かせた魔術師でもあるアレイスター・クロウリーの「翼あるスカラベ」の中にもリリスに捧げられた詩が見られる。

映画「リリス」（ロバート・ロッセン監督）では、妖艶で不思議な魅力を持つ女性に魅せられ、堕ちていく男が描かれているが、こうした魅惑的な女性のイメージにリリスが重ねられることが少なくない。また、クローリーの教えを継ぐ悪魔主義者の映像作家ケネス・アンガーの「ルシファーライジング」ではマリアンヌ・フェイスフルが伝統的な女悪魔リリスを演じている。

脅迫したが、それでもリリスはそれを拒み罰を受ける。そして自分の命と自分の運命をはかなんだリリスは、紅海に身を投げて自らの命を絶つ。その復讐として、冒頭で述べた新生児を襲うといった悪行をしているといわれている。

また別の説では、リリスは自分のあとにアダムの妻となったイヴに嫉妬し、イヴを誘惑する蛇になったともいわれている。

リリスが新生児を狙うようになった理由

正常位にこだわるアダムとのセックスに愛想をつかして出ていくリリス

数多くの悪魔と関係を持つリリス

リリスを自分のもとに戻すように懇願するアダム

同情した神は、アダムのもとへ戻るようにリリスを脅す

苦しみと自分の運命を嘆き、紅海に身を投げる

復讐から、新生児を狙うリリス

もっとも淫らで不埒な悪魔
ベリアル

悪徳のための悪徳を愛する

堕天した力天使で、人間を裏切りと無謀と嘘に導く**ベリアル**は、八十の軍団を率いる地獄の君主の一人であり、**ルシファー**の次につくられた天使ともいわれている。その名には「無価値な」「邪悪」「無益」などの意味があり、多くの天使を神への反逆に引き込んで堕天させた張本人という説とともに、彼ほど淫靡で、悪徳のための悪徳に熱中する精神の持ち主はいないとまで称される。ミルトンの『**失楽園**』でも、堕天使の中でも「ベリアルほど下品で、悪徳を愛する不埒者はいない」とされているほどだ。

イエス・キリストをも訴える

法律についての権威だった、という説もあるベリアルは、なんとイエス・キリストを訴訟の相手にしたこともあるという。告訴理由は「彼は不法にも地獄の権利に干渉し、地獄、海、大地、大地に住むすべてのものの支配権を強奪した」というもの。

天界が神の領域であり、地獄や地上は悪魔の支配地域として認められていたため、キリストが人々を神への信仰に目覚めさせた行為は、領域侵犯であるというのがベリアルの論旨であった。

結果的には痛み分けとなり、キリストは無罪になり、ベリアルは「最後の審判の日に地獄へ落とされる不正なものすべて」に対する支配権を得る。結果はともかくとしても、ベリアルの法に長けた面を表すには十分なエピソードである。

外見は美しく、優雅で権威に満ちている

裁判にてキリストを告訴するほどのベリアルの弁舌は巧みだったという。彼の手にかかれば低劣な内容であっても、巧みな話術で立派な論理に聞こえてしまい、人を納得させてしまう言葉選びにかけても天才的だったという。

　また、優雅で洗練された振る舞いの持ち主でもあり彼以上に端麗な者はいなかったというほど。

「偉大なる公爵、虚偽と詐術の貴公子、炎の王、敵意の天使、隠されたる贈賄と暗殺の魔神」など数多くの呼び名を持つベリアルも、伝説の魔法王ソロモンには敵わなかったようで、彼とその軍団の悪魔たちは、ソロモンによって一つのビンの中に閉じ込められてしまった。

もっと知りたい　ソドムとゴモラ

　悪徳を愛するベリアルの逸話を代表するのがソドムとゴモラのエピソードだろう。
　彼は死海のほとりにあったソドムの町を混乱に陥れ、あらゆる悪行をはびこらせた。とりわけ乱れた性を蔓延させており、それは同性愛、獣姦などにも至るほどであった。その結果、神の怒りにふれ、硫黄と火によって町が壊滅させられたという。ゴモラの町も同じような罪を犯して神の処罰を受けているのだが、これはいずれもベリアルの仕業だといわれている。

　ベリアルによって、ソドム、ゴモラの人々は男色、獣姦など、性的に放埓を究めた

マモン

神よりも金銀財宝を愛した強欲な堕天使

金銀財宝をこよなく愛する

「強欲・貪欲」を意味する堕天使**マモン**。旧約聖書と新約聖書の間の中間時代にユダヤ教で採用された悪魔の名で、マモンという言葉はシリア語で**富**や**金**を表しているとされる。とにかく欲が深く、天界に居住していたときから、もっとも関心があったのは神の祝福ではなく、その神殿に敷き詰められた黄金の延べ板だったというほどである。

万魔殿という悪魔たちの豪勢な建物を構築した際、マモンはその類まれな才能を発揮して、大量の金塊を発掘することに成功する。これにより万魔殿の床には黄金がびっしりと敷きつめ

もっと知りたい　万魔殿

神と天使が住む万神殿（パルテオン）に対し、より遥かに豪勢な立派な宮殿にしようと建造されたのが、ルシファーを筆頭とした悪魔の住む万魔殿（パンデモニウム）である。ちなみにこの建設の最高責任者はかつて「火の鍛冶の神」として知られた堕天使ムルキベルである。

られていたという。

ルシファーに並ぶ実力者

人間を強欲にし、己自身も金銭を愛するマモンは、誘惑者の長とも呼ばれ、ルシファーやベルゼブブと並ぶ実力者であったという説もあるほど。

その姿は黒い体でするどい爪、狼の胴にカラスの双頭を持ち、また、口からは炎を吐くという。人間の姿をとるときは胴体のみが人間になるといわれている。

また、新約聖書の『マタイによる福音書』ではマモンのことをこう表現している。「誰も二人の主人に仕えることはできない。一方を憎んで他方を愛するか、一方に親しんで他方を軽んじるか、どちらかである。あなたがたは神とマモン（富）とに仕えることができない」

この「富」を擬人化した一節から、悪魔としてみなされるようになったという。

地獄の金鉱採掘師

万魔殿の建造のため、マモンは堕天使の一隊を引き連れて黒雲を吐き出す山の山腹に穴をあけ、続々と金塊を掘り出した。

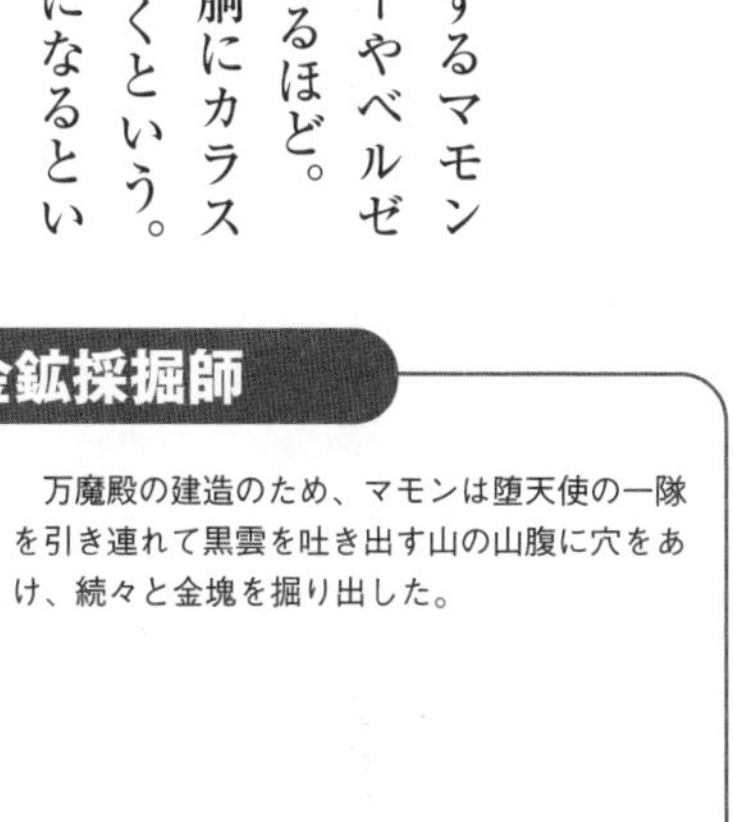

さらには地中に埋まるさまざまな貴金属をも掘り当て、殿堂を飾り立てることに貢献する。

地獄の第一旗手

アザゼル

地上に派遣された監視団の一人

七つの蛇頭と十四の顔、そして十二枚の翼を持つ堕天使**アザゼル**。その名は「神の如き強者」という意味のヘブライ語に由来する。

アダムとエヴァが楽園を追われて以来、地上ではその子孫たちが数を増やし、それに比例して悪行も増えていった。見るに見かねた神は、位こそ低いもののの熱心な天使であったアザゼルに「地上にはびこる悪を監視せよ」と命じる。アザゼル自身はもともと人間創造に反対の立場を取っていたこともあり、その命を快く引き受ける。このとき地上に派遣された二百人からなる天使の一団は、**グリゴリ**（神の子）ともウォッチャーズ（見張り）とも呼ばれる。

スケープゴートの起源

ユダヤ人が7番目の月の10日を贖罪《しょくざい》の日として祝うとき、クジで選んだ2頭の牡山羊が大司祭の前に引き出される。1頭は神のため、もう1頭はアザゼルのためとされ、神の生贄となった1頭は殺され、その血は贖罪に使われる。大司祭は残ったもう1頭に自らの罪と民衆全員の罪を告白し、それら全てを山羊に負わせて荒野に放すという。この故事がもとで、scapegoat《スケープゴート》（贖罪の山羊）＝身代わりに罪をかぶる、という言葉が生じたとされる。

人間の娘に惚れて、神の怒りを買う

人間の悪行を監視するはずだったアザゼルは、皮肉なことに地上に降り立ってまもなく人間の娘に惚れてしまう。同じくグリゴリの統率者であったシェムハザの反対意見にも耳を貸さず、結局はアザゼルの他二百人全ての天使が人間の娘を娶《めと》ることになる。

グリゴリと娘たちの子は生まれながらにして巨人で、すさまじい食欲の持ち主だった。巨人たちはありとあらゆる食物を喰らい尽くし、動物や人間、果ては共食いまで始める。怒った神は、地上の悪を一掃するため大洪水を起すことにするのである。(このときノアの一族だけは箱舟で助かる。)

アザゼル自身は大洪水に巻き込まれることはなかったが、大天使ラファエルに縛られ、荒野の墓に反逆者たちとともに閉じ込められることになった。

人間に知識を与えるという禁を犯す

人間の娘を娶ったアザゼルたちは天界の知識を人間に与えてしまう。剣や盾といった武器を知った人間の男たちは戦うことを覚え殺し合い、装飾品や化粧を知った女たちは派手に装ったり男に媚を売ることを覚え、それにより姦淫などがはびこることになる。

悪魔の中でももっとも残忍な存在

モロク

王を意味する名を持つ悪魔

子供たちを焼き殺す悪魔**モロク**はヘブライ語では元来**王**という意味があるという。「涙の国の君主」とも、「母親の涙と子どもたちの血にまみれた魔王とも呼ばれている。頭は王冠をかぶった子牛で、全身を炎で燃やしているという。また、生きたまま子供を食べることを好んでいたとされ、悪魔の中でももっとも残忍な存在だったという。また、ルシファーの副官で有力な悪魔だったとされており、ゲヘナ（地獄）のルーツとなった悪魔ともいわれている。

王たる者には一般人にはない魔力をもって、農耕の収穫を保証し、利益を守り、自然界の秩序を維持する役割があった。しかし、モロクの魔力の源泉は人々の生命と、したたり落ちる血

もっと知りたい ゲヘナ

モロクを祭る祭壇があったエルサレム郊外のヒンノムの谷一帯はゲヘナと呼ばれていた。ユダヤ人たちが生贄を捧げる習慣をやめると、この祭壇も捨てられ荒廃していく。

いずれ、この地で罪人や浮浪者の死体がゴミとともに燃やされるようになり、そこから立ちこめる悪臭や煙がユダヤ人たちに地獄のイメージをかきたてたことにより、ゲヘナの名が地獄と同義語として扱われるようになったという。

液であった。しかも、モロクが豊作や利益を守る見返りに要求したのは、囚人や奴隷ではなく、王権を継ぐ者の**第一子**の命であった。

また、生贄の儀式にはシンバルやトランペットや太鼓が鳴らされ、そんな中、親たちは生贄となる自分の子供を猛火の中に投げ込んだという。周囲のすさまじい音響は、子どもの悲鳴をかき消すためのものだったとされている。

生贄を要求するモロクの祭壇

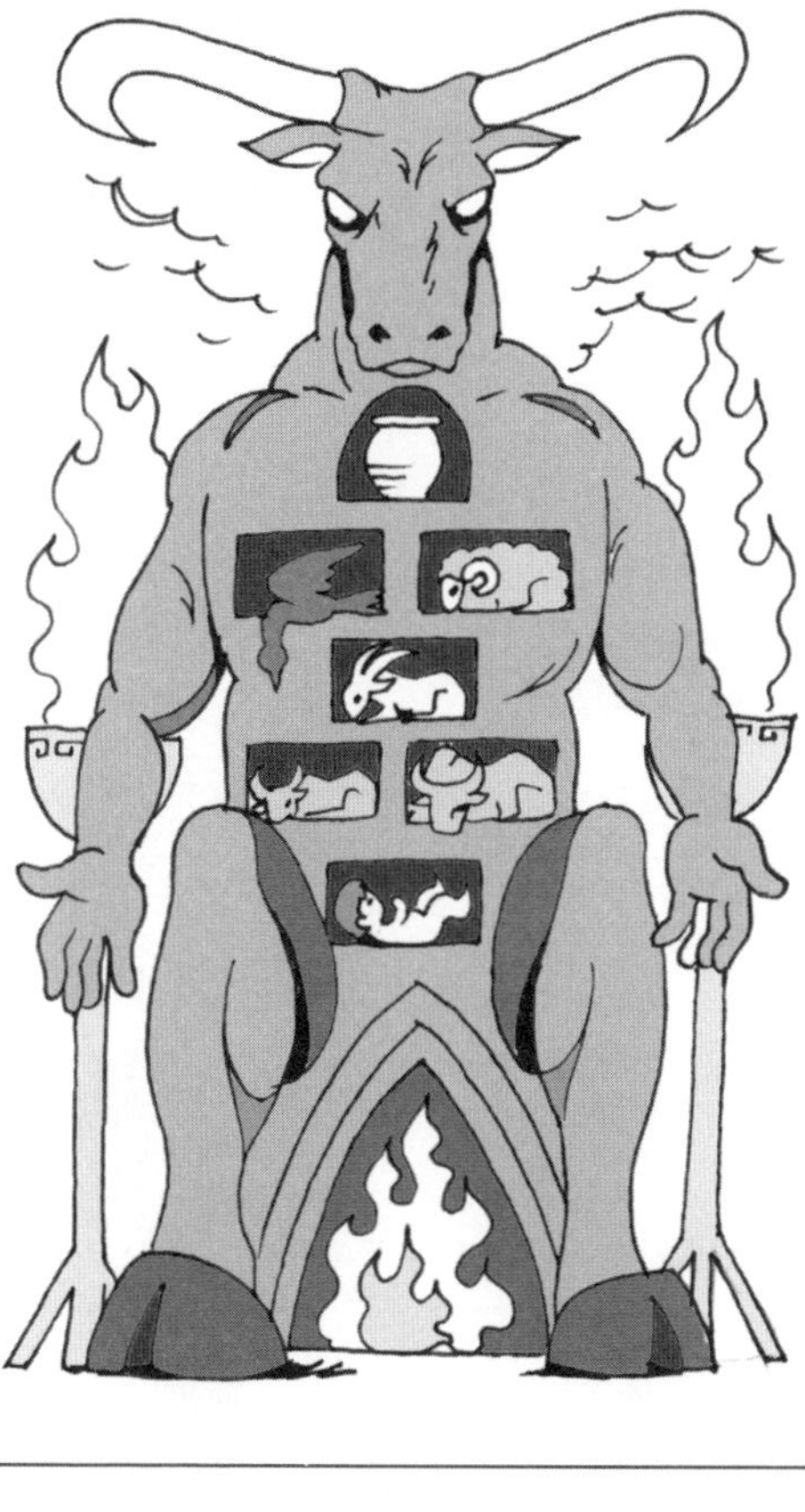

古代のヨルダン東部に住んでいたアモン人が信奉する神として名高いモロク。彼らはブロンズ製の玉座に座った像を祭ったという。

像の内部には7つの戸棚が用意されており、1つには小麦粉、2つには雉鳩《きじばと》、3つ目は牝羊、4つ目は牝山羊、5つ目は子牛、6つ目は牡牛、そして7つ目は子どもを入れるためのものであったという。

この像は炎によって熱せられ、中にいた子どもたちは生きたまま生贄として焼き殺されたという。

快楽を尽くし人間を堕落させる夢魔

インキュバス（サッキュバス）

夢の中で籠絡し孕ませる

名前には「上にのしかかる」という意味が含まれているインキュバスは、男性的夢魔と呼ばれている。その容姿は美しく、眠っている人間に近づき、その姿をもって夢の中で女性を、場合によっては男性も誘惑し、徹底的に快楽を尽くさせることで、堕落への道へと引き込むとされいる。

男性の姿をして、女性を籠絡《ろうらく》し孕《はら》ませるのがインキュバスなら、女性の姿をして男性の精気を吸い取り、悪魔や精霊を生むのが女性的夢魔のサッキュバスである。二者は別々の存在とされているが、とある説ではインキュバスとサッキュバスは同じ悪魔が化けたもので、サッキュバスの姿で手に入れた精気をインキュバスの姿で女性

見せかけの美しさ

性的快楽で人間を堕落させるというだけあってか、夢の中ではインキュバス、サッキュバスはとても美しい姿をしているという。ただ、その容姿は見せかけで、その正体はこの上なく醜悪な姿をしているという。

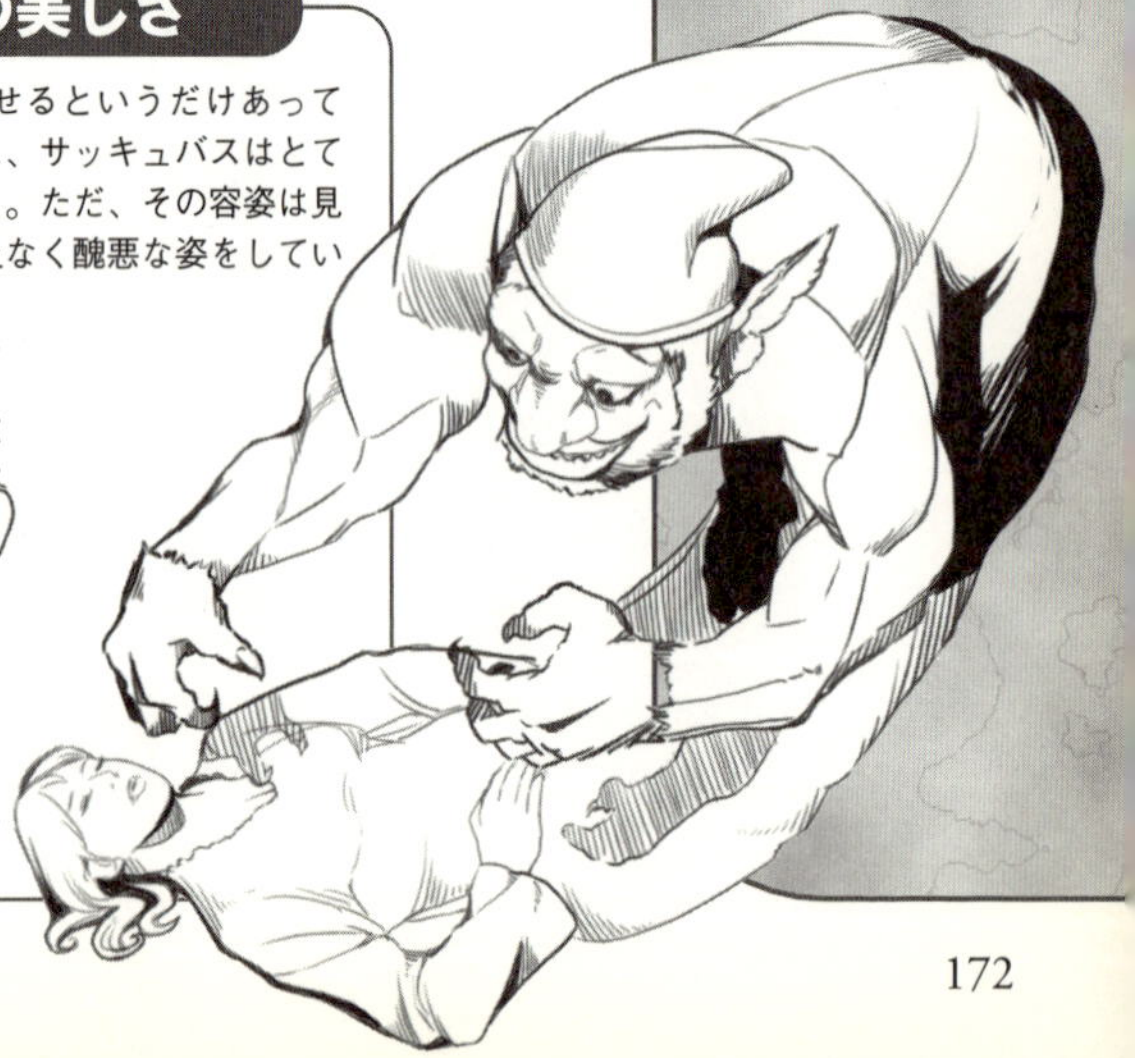

に放出するという。これは自身に生殖能力が無いため、人間の生殖能力を借りて繁殖しているためだとされている。

夢魔の子供は優れた能力の持ち主

中世ルネッサンス時代は、人々が性に対して奔放になり、都市部の若い女性が父親不明の子供を持つようなことも多くなった。こういった場合や、浮気をして子供を孕《はら》んでしまったときなどに、インキュバス（サッキュバス）の仕業としてごまかすようなこともあったという。

こうした夢魔の仕業によって生まれた子供は、魔法など特殊な能力を身につけていたり、あらゆる能力に秀でることがあったとされており、**アレキサンダー大王**や**ノルマンディー公ロベール**、「アーサー王伝説」の魔法使い**マーリン**なども、優れた能力を持っていたがために、インキュバス（サッキュバス）と人間のハーフなのではないかとされてる。このため、凡庸《ぼんよう》な両親から生まれた子供が特別優秀だった場合などには、インキュバス（サッキュバス）の子としてやっかみを受けることもあったという。

夢精は夢魔の仕業に

禁欲主義をとっていたキリスト教では、インキュバス（サッキュバス）の研究が盛んに行われた。これは夢精を合理的に説明するために夢魔の存在が考え出されたためではないかと考えられている。

ちなみに、夢魔の弱点はホーリーシンボル（聖印）。十字架などを枕元に置いておけば決して近づくことはなかったという。また、一部では「枕元に牛乳があると、サッキュバスはそれを精液と間違えて持ってゆく」といわれ、枕元に牛乳を置いて眠る風習もあったという。

カイム

あらゆる言語を操る地獄の長官

ツグミの姿をした地獄の「言語学者」

召還されると**ツグミ**の姿、もしくは頭や背中、腰に羽根飾りをつけ、サーベルを持った男の姿で炎の中から現れるという**カイム**は、ソロモン七十二柱の一柱であり、地獄において三十の軍団を指揮する長官だという。その能力は、彼の姿が示す通り鳥の言語を始めとして、さまざまな動物たちの言語、人間が話す世界中の言語など、**あらゆる言語**に通じ、聞き分けることができるというものである。加えて、水の音などの意味も理解するという。

また、召還者には言語だけでなく、未来の出来事についての知識を授けたり、口論の仲裁をしてくれたりするという。

また、その堪能《たんのう》な語学力を駆使して、論争を好む一面もあり、十六世紀のドイツにおいては、**マルティン・ルター**と論争を繰り広げたという。

豆知識　マルティン・ルター

マルティン・ルター（1483〜1546）は、ドイツ・ザクセン地方に生まれた神学者、宗教改革者である。

「魂は信仰によってのみ救われる」という聖書主義を訴え、当時カトリック教会が発行していた「贖宥状《しょくゆうじょう》（免罪符《めんざいふ》）」を批判した。

そして、1517年、贖宥状の販売を批判した「95ヵ条の論題」を発表し、これによって宗教改革が始まったのである。

また、ルターは聖書をドイツ語に翻訳したことでも知られており、彼のこの業績は、近代ドイツ語の確立に大きく貢献したのである。

熊にまたがった三頭の悪魔

バラム

現在・過去・未来に精通する地獄の有力者

バラムはソロモン七十二柱の一柱に数えられる悪魔であり、地獄で四十の軍団を統率するほどの力を持つという。もともとは天使の地位にいたが天から追放され、堕天使となったといわれる。コラン・ド・プランシー『地獄の辞典』においては、「バラン」の名前で紹介されており、また、「地獄の偉大にして恐るべき王」だという。

彼の体は、裸身の人間の形ではあるが、アスモデウスと同じような人間、牡羊といった**三つの頭部**を持つという異様な姿をしている。そして、その目からは燃えたぎる炎がふき出しているといわれる。また、蛇の尾を持ち、その腕にはタカ（一説には「タゲリ」というチドリ科の鳥であるともいわれている）をとまらせている。加えて、バラムは出現するときに、凶暴な熊にまたがった姿で現れるという。

バラムは**現在・過去・未来**に**精通《せいつう》**しているといわれており、また、しわがれた声で、**透明になる方法**などさまざまな知恵について語り、召還した者に授けてくれるという。

男女の仲を取り持つ雷の悪魔

フルフル

炎の尾を持つ鹿の姿と、天使の姿の二つの面

しばしばフールフールやフュルフュールとも呼ばれる**フルフル**は、ソロモン七十二柱の悪魔の一柱であり、二十六の軍団を指揮する地獄の伯爵である。

フルフルは大きな角や翼、燃える炎の尾を持った、胴体のみ人間の牡鹿の姿で現れるが、よく嘘をつくため注意しなければならない。これを予防するには、**「魔法の三角形」**と呼ばれる魔法陣の中にフルフルを召喚するのがよいとされる。この「魔法の三角形」の中においては、フルフルは**天使の姿**をとり、真実を語り、召喚者の望みを忠実に叶えてくれるのである。

その能力は、結婚生活を守ったり、夫婦の愛情・結びつきを強くしたり、**男女の仲**を進展させたりと、男女に仲に関するものが多く、加えて、秘密や神聖な事柄についても詳しく、真実を述べることができるという。

また、フルフルは天候を操る存在だといわれるが、特に**「雷」**と強く結びついており、落雷を引き起こしたり、稲妻や雷鳴を轟《とどろ》かせたりするという。

グリフィンにまたがった地獄の公爵
ムルムル

哲学の知識や降霊術に長けた知恵者

ムルムルはソロモン七十二柱の悪魔の一柱であり、三十の軍団を率いているという。ムールムールやミュルミュールなどとも呼ばれる。もともとは天使だったというが、天から追放され、堕天した後は地獄の公爵となったという。

その姿は、立派な公爵の冠をかぶった**戦士の姿**だといわれ、耳障りな金切り声で話すという。召喚した者の前に**グリフィン**に乗って現れ、その際には、側近たちが吹き鳴らすトランペットの音とともに出現するという。

ムルムルは**哲学**について詳しく、召喚した者にその知識を伝授してくれるという。また、**降霊術**にも長《た》けており、どんな死者の魂でもを呼び出すことが可能で、死体の操作も難なくこなすことができる。そして、呼び出した死者たちと召喚者とを会話させたり、死者に質問をして真実を得たりすることができるのだという。

また、彼の手にかかれば、失われた**権力**や**信用**を取り戻させることも可能だという。

ゴモリー

女性の心を獲得させる美しい悪魔

優雅ないでたちで現れ、召喚者に女性の愛を授ける

ゴモリーはソロモン七十二柱の悪魔の一柱であり、二十六の軍団を従える地獄の有力な公爵である。時にゴモリやグレモリーと呼ばれることもある。

ソロモン七十二柱の悪魔のうち、唯一**女性の姿**で現れるとされる悪魔であり、その姿は**黄金の公爵冠**を頭上に戴《いただ》いた（もしくは腰に携えた）、非常に美しい女性の姿で知られている。召喚した者の前に出現する際には、大きなラクダに乗った姿で現れるという。

ゴモリーは、過去、現在、未来についての知識や秘密などの全てを把握しており、それらを正確に召喚者に伝授してくれるという。また、隠された宝物のありかを探し出す能力も併せ持っているともいわれている。

しかし、ゴモリーが持つ能力の中で最も注目されるのは、彼女を召喚した者にあらゆる**女性の愛を獲得させる**ことができる、という能力である。そのため、ゴモリーは女性の愛を手に入れたいと願う男性たちから多く召喚されるのである。

アバドン

異様な姿を持つ「破壊者」

最後の審判の際、イナゴを引き連れ人間を苦しめる

「破壊者」という意味の名前を持ち、**奈落の王**とされるのが**アバドン**であり、新約聖書の**『ヨハネの黙示録』**にも登場する。最後の審判の際、ラッパが吹かれた後に大量の**イナゴ**を引き連れて現れ、人間を苦しめる。ギリシア語では**アポリオン**とも呼ばれ、「死の天使」や「殺戮《さつりく》の天使」などといわれることもある。また、ユダヤにおいて「アバドン」とは悪魔の名前を指すものではなく、地獄の一地域をさす言葉であるともいわれる。

その姿は、長い髪に冠を戴いた女性の頭と、鉄の胸当てをした馬の体に羽根を生やし、サソリの尾を持つという異様なもので語られることが多い。またライオンの牙を持っているともいわれる。そして、アバドンのサソリの尾に刺されると、死ぬこともできずに五カ月の間苦しみ続けるといわれている。

もっと知りたい　黙示録中のアバドン

新約聖書の『ヨハネの黙示録』によれば、最後の審判の際、神の御遣《みつか》いである5番目の天使がラッパを吹いた直後に天から星が落ちて地獄の底なしの淵の穴が開き、そこから煙が立ち昇るという。その際、まるで「戦場に急ぐ戦車」のような羽音をたてた大量のイナゴやサソリを引き連れ、「底なしの淵の王」アバドンが登場するのだという。

ブエル

あらゆる病を治す地獄の博学者

多くの学問に通じ、病を治す

ソロモン七十二柱の悪魔の一柱である**ブエル**は、五十の軍団を率いる地獄の長官であるとされる。

ブエルの姿は、上半身が人間で、下半身が馬という**ケンタウロス**のような姿やヒトデの姿、星の姿などをとる場合もあるというが、一般に知られているのは、ライオンのような頭から放射状に伸びる蹄のついた五本の足を持つという姿である。

その能力は学術的なものが多く、語学や哲学、論理学、倫理学、自然科学に加え、薬草の効用にも精通しているという。また、あらゆる病気や病人を回復させることもできるという。

しかし、ブエルは太陽が人馬宮（いて座）の位置にある時にしか召喚できないとされるため、召喚者は注意が必要になる。

豆知識　人馬宮

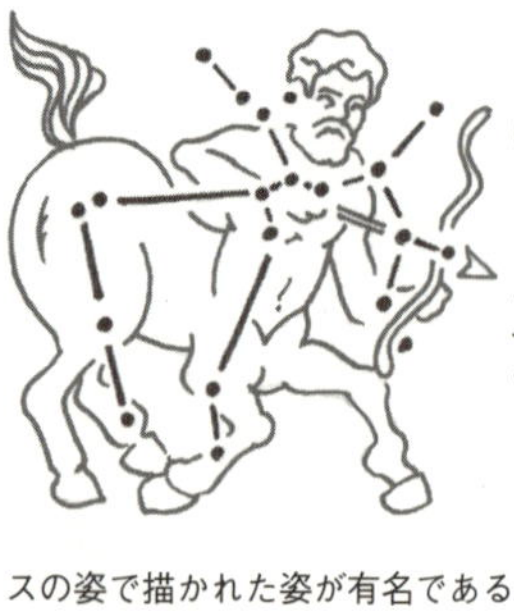

「人馬宮」とは、黄道12宮のうちの1つであり、9番目にあたる宮である。一般的には「いて座」として知られる星座であり、弓矢を手にしたケンタウロスの姿で描かれた姿が有名である。また、その弓は隣のサソリ座に向けられているという。

炎を吐き出す地獄の大侯爵
アモン

人々の中を取り持つ能力を持つ

強大な力を持ち、四十の軍団を率いていているという**アモン**は、地獄の大侯爵であり、地獄において有数の有力者であるという。ソロモン七十二柱の悪魔の一柱でもあるアモンは、詩の才能があるといわれ、優れた詩を創作するという。また、アーモンと呼ばれる場合もある。

アモンは過去と未来に精通しており、見通すことができるという。また、敵同士を和解させたり、仲違いした者を仲直りさせてくれたりと、人の仲を取り持つ・調停するといった能力も持っている。加えて、恋愛に関してもその力を発揮し、奥義《おうぎ》を授けてくれるという。

その外見は、鋭い牙を持ったフクロウの頭に狼の体、そして蛇の尾という姿で表されることが多いが、蛇の頭に狼の体を持つという姿や、フクロウの頭部に人間の体を持っている姿、カラスの頭部に人間の体を持つ姿などさまざまに伝えられている。また、その口からは炎を吐き出しているという。

アモンの起源は、古代エジプトの**アメン神**からきているといわれており、他の悪魔たちにも見られるように、キリスト教世界の広がりの中で悪魔とされていったのである。

雄弁な地獄の誘惑者

メフィストフェレス

言葉巧みに人間を誘惑し、魂を要求する

名前に**「光を嫌う者」**という意味を持つ**メフィストフェレス**は、人の苦しむさまを見て笑みを浮かべるという、冷酷な性質を持った悪魔である。一般に、鷲鼻で痩せた男の道化師のような姿で描かれることが多く、その身のこなしには隙がなく、かつ雄弁に物事を語るという。

　また、メフィストフェレスは十六世紀に実在したとされる、**ヨハン・ファウスト**博士（魔術師）にまつわる民間伝承に出てくる、人間の魂と引き換えにその欲望をかなえる悪魔として有名である。そして、この民間伝承は、ドイツの文豪・**ゲーテ**の手によって、**『ファウスト』**という作品に生まれ変わり、後世にまでその名が伝わる悪魔となったのである。

豆知識　ゲーテ

　ゲーテ（1749～1832）は、ドイツ・フランクフルトに生まれた文豪であり、本名をヨハン・ヴォルフガング・フォン・ゲーテという。詩人・小説家・劇作家として文学界に大きな功績を残すとともに、政治家や科学者としても幅広く活動した。

　代表作である『ファウスト』や『若きウェルテルの悩み』などを始めとして、多く優れた著作を残している。

　また、恋多き人物であったともいい、その82年に及ぶ生涯において数多くの女性たちと浮名を流したという。

優美な姿をしたルシファーの腹心の部下

パイモン

多くの臣下と楽隊の演奏とともに出現

ルシファーに最も忠実な部下であるという**パイモン**は、ペイモンとも呼ばれ、もとは天使であったという。しかし、ルシファーとともに堕天し、ソロモン七十二柱の一柱に数えられる悪魔となったのである。現在は地獄で二百もの軍団を率いる王となり、特に西方を治めているという。

その姿は、頭上にきらびやかな王冠を戴き、女性のように美しく、優しい顔つきの王の姿で表される。そして召喚されると、多くの臣下にかしずかれ、ラクダにまたがって登場するのである。また、登場の際には、楽隊による演奏が必ずなされるという。しかし、パイモンの声はその風貌《ふうぼう》とは似つかわしくなく、驚くほど大きな声だという。

また、パイモンは科学や芸術などのあらゆる技術や秘密に通じているという。そして、多くの知識を駆使して、召喚者のどのような質問にも答えてくれるのである。加えて、召喚者に名誉をもたらしたり、人々を思いのままに操る術を与えたり、優秀な**使い魔**を授けてくれたりと、ルシファーの右腕だけあって、幅広く、多岐にわたる能力を備えている。

狩人の姿をした地獄の侯爵
バルバトス

あらゆる生物の言葉を理解し、隠された宝の場所を示す

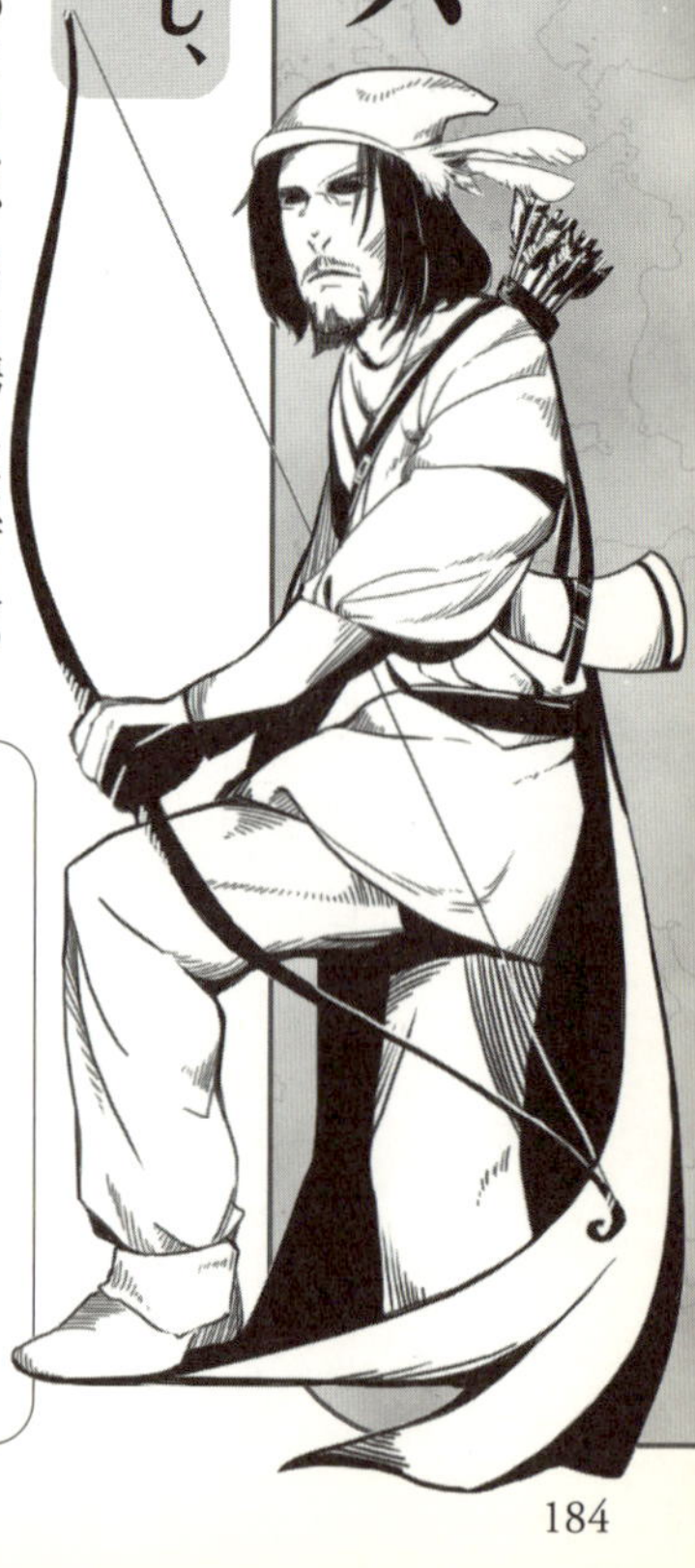

召喚者の前にまるで**ロビンフッド**のような、弓を携えた狩人の姿で出現するという**バルバトス**は、かつては天使であったという。しかし、神に背いて堕天し、悪魔となったのである。そして地獄においては、三十の軍団を率いる伯爵であるとともに、ソロモン七十二柱の悪魔でもあるという。

召喚者の前に現れる際には、ホルンを吹く四人の王の後に続いて登場するといい、また、一説によると、太陽が人馬宮（いて座）の位置にあるときに現れるのだともいう。

その能力は、鳥や犬、牛の鳴き声を始めとして、あらゆる生物の声を理解することや、隠された財宝のありかを把握すること、過去と未来を見通すこと、争いを収め、調停するなどである。

豆知識　ロビンフッド

「ロビンフッド」とは、イギリスの伝説的な英雄であり、また、彼の活躍譚を指すこともある。

物語は中世のイングランド・ノッティンガムにあるシャーウッドの森を拠点に繰り広げられる。そして、ロビンフッドを中心にした、「無法者」とされた者たちが「義賊」として活躍し、圧政苦しむ領民を助ける、というものである。

そして、このロビンフッドの伝承は大衆に好まれ、絵本やアニメ、実写映画や人形劇など、多くの作品のモチーフになっている。

悪魔にされた異教の海神

ダゴン

海の底で自らの復権を画策する

ダゴンはかつて「神（海神）」として崇められていた存在だったが、時を経るにつれて「神」から「邪神」、「邪神」から「悪魔」へと変えられていった。また、名前の由来はヘブライ語の「ダグ（魚）」と「アオン（偶像）」だといわれており、旧約聖書にもその名をたどることができる。

ダゴンの姿は、上半身が人間、下半身が魚（その逆で表されることもある）であり、さまざまな知識や秘儀を人間に授けるが、そんな時も虎視眈々《こしたんたん》と自らの復権を画策しているという。

また、アメリカの怪奇小説家・**ラヴクラフト**の『**クトゥルフ神話**』において、ダゴンは重要な位置を占める「邪神」として登場している。そして、この『クトゥルフ神話』から派生した小説や映画、ゲームなどを通して、ダゴンは現在も多くの人に知られる存在である。

豆知識 **ダゴン神殿**

ペリシテ人から「海神」として崇められていたダゴンは、ガザなどに巨大な神殿が建設されていたという。また、神殿にはダゴンの神像が祀られていたのである。

また、ダゴンは長年、「海神」だといわれてきたが、最近では「農耕神」であるという説も論じられている。

アガレス

地震を操る地獄の賢者

賢者の姿で都市を破壊する

ソロモン七十二柱の悪魔の一柱である**アガレス**は、かつては天使であったが堕天し、悪魔になったという。堕天後は地獄において三十の軍団を指揮している公爵となり、地獄の公爵たちの長でもあるといわれる。また、地獄の東方を支配しているという。

その風貌は年老いた賢者の姿であり、手にはタカ（もしくはカラス）をとまらせているという。そして、召喚の際には、ワニにまたがって現れるというのである。また、アガレスはあらゆる言語を人間に教授する力や全ての動きを封じる力、逃げる者を引き戻す力など幅広い能力を持っているというが、その中でも特に注目されるのが地震を引き起こす力である。賢者然としたその風貌に反して、自在に地震を引き起こし、都市を破壊するのである。

豆知識　地震

昔の人々は、「地震」という恐ろしい現象の原因を、人間が図り知ることのできないものに求めた。つまり、人知の及ばない神や悪魔、精霊などが地震の原因であると考えたのである。

そのため、地震は人間の悪行に対する神の怒りだという説や悪魔による悪行だという説など、世界の各地でこのような伝承が残されているのである。

また、日本にも巨大ナマズが地中におり、それが大暴れすることによって地震が引き起こされる、といった伝説が残っている。

人々を溺れさせる海の悪魔

フォカロル

悪行を重ねながらも天上への復帰を夢見る

グリフィンの翼を持つ人間の姿や、グリフィンに乗った人間の姿で表される**フォカロル**は、ソロモン七十二柱の悪魔であり、地獄において三十の軍団を指揮している将軍であるという。フォーカロールと呼ばれることもある。

その姿とは似つかわしくないが、海と強く結びつけられている悪魔であり、海や風を支配しているといわれる。

フォカロルの性質は悪魔そのものといえるような邪悪なものであり、人間を溺れさせたり、溺死させたりすることを楽しむという。また、時化《しけ》を起こして船を転覆させるのである。

しかし、これだけ悪魔的な性質を持つフォカロルであるが、船の沈没や敵の溺死を願いフォカロルを召喚した者の命には渋々ながらも従うのだという。

そして、このように「悪魔」を絵に描いたような性質を持つフォカロルであるが、もともとは天使だったといい、堕天して悪魔となった現在でも、天上に帰ることを強く望んでいるのだという。

財宝を管理する地獄の宰相

ルキフゲ・ロフォカレ

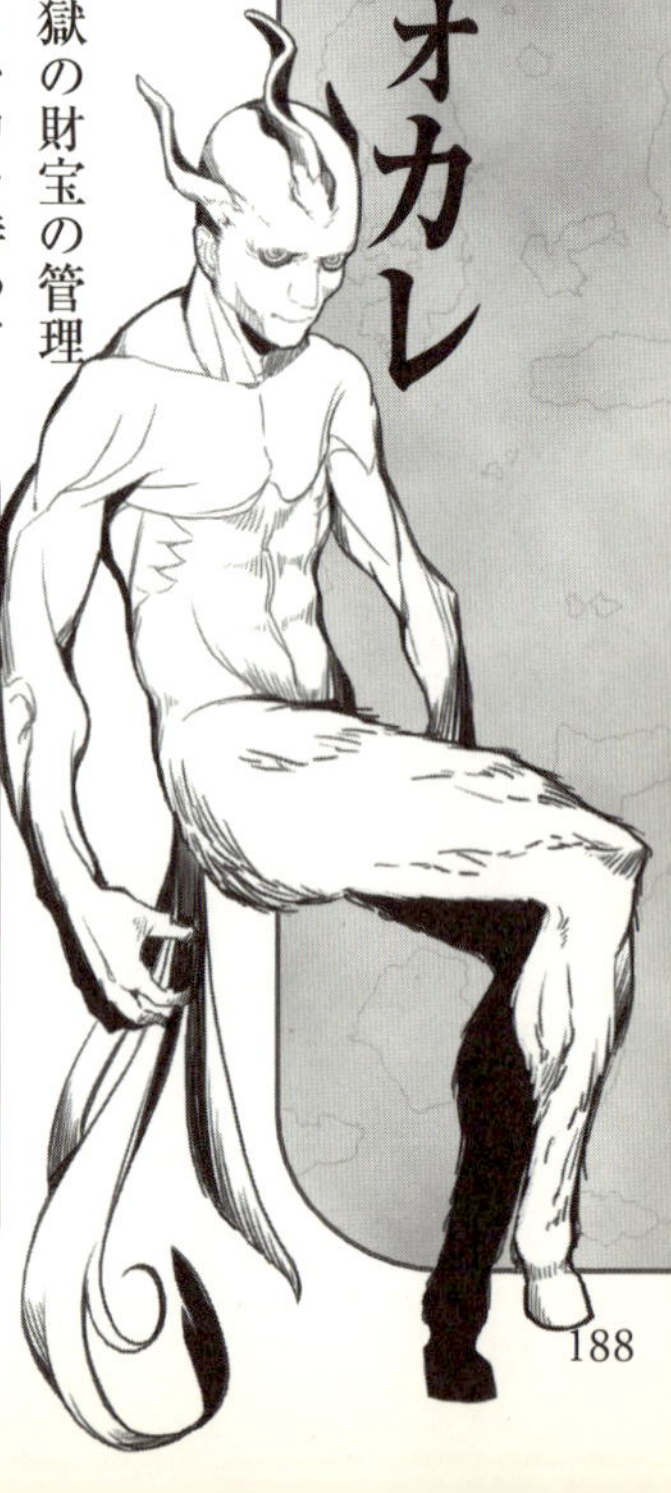

ルシファーと関係深い悪魔

ルキフゲ・ロフォカレは、**ルシファー**から地獄の財宝の管理を任された地獄の宰相であり、地獄において大きな力を持っているという。名前には**「光を避ける者」**という意味があり、名前に**「光を運ぶ者」**という意味のあるルシファーと強いつながりを持つ悪魔とされる。ルキフゲスやルキフージュ・ロフォカレなどとも呼ばれる。

その姿は、禿げ上がった頭に三本のねじれた角、人間の上半身に山羊の下半身、そして長い尾を持っているとされる。

ルキフゲ・ロフォカレは、召喚した者のどんな願いでも叶えてくれるというが、引き換えに数十年後に必ず魂を渡さなくてはならないのである。また、その召喚方法は**ソロモン王**が著したとされる魔術書**『グラン・グリモア』**に書かれているという。

もっと知りたい「グラン・グリモア」

「グラン・グリモア」とは、ソロモン王の著作とされる魔術書であり、「大魔術書」などとも呼ばれる。

だが、実際にはソロモン王が書いたものではなく、中世以降に成立したものだと考えられている。

しかし、召喚に応じることの極めて少ない、ルキフゲ・ロフォカレの召喚方法が記載されているため、その価値が認められている。

旅団長を務める上級悪魔

サルガタナス

サルガタナスは、**ルシファー・ベルゼブブ・アスタロト**という三人の悪魔に直接仕え、彼らに次ぐ位置を占める六人の上級悪魔（ルキフゲ・ロフォカレ、サタナキア、フルーレティ、ネビロス、アガリアレプト、サルガタナス）のうちの一人であるという。

サルガタナスは、人間を透明にする能力や、どんな場所にでも移動させる能力、秘められた言葉を暴く能力、あらゆる鍵を解除し、その中を見る能力などを有している悪魔である。また、地獄の旅団長でもあり、いくつもの旅団を率いているのだという。

基本DATA

【能力】人間を透明にする、瞬間移動、鍵を開ける【階級】上級悪魔、旅団長

荒れ狂うライオンの姿をした悪魔

マルバス

マルバスは天界から堕天し、地獄で三十六の軍団を率いる長官となった悪魔である。時としてバルバスと呼ばれることもある。

召喚されると、荒れ狂う凶暴なライオンの姿で出現するというが、求めれば人間の姿に変身させることも可能である。

その能力は多岐に及び、人間をさまざまな姿に変えることやあらゆる秘密について答えること、そして病気を引き起こすことも治すこともできるのだという。

また、工芸や機械技術にも精通しており、その知識を与えてくれるといわれる。

基本DATA

【別称】バルバス【容姿】凶暴なライオンの姿
【能力】人間を病気にさせる、人間の姿を変える

謎に包まれた悪魔
ヴァッサーゴ

現在・過去・未来についての全てを把握しているとされ、また、なくしたものを見つけ出す能力も持つというヴァッサーゴは、ソロモン七十二柱の一柱に数えられる悪魔である。ヴァッサゴ、ヴァサゴとも呼ばれる。また、悪行や女性の秘密に関しても精通しているという説もある。

温和で、召喚者からの問いを丁寧に、詳細に教授してくれるというが、魔術書にはヴァッサーゴに関する記述は極めて少なく、あまり登場しないため、その姿や地獄においての地位など、謎の多い悪魔である。

基本DATA
【別称】ヴァッサゴ、ヴァサゴ【能力】なくしたものを見つけ出す【性格】温和

女性を操る地獄の大将軍
サタナキア

多くの悪魔たちを指揮する地獄の大将軍であるというサタナキアは、ルシファー、ベルゼブブ、アスタロトに仕える六人の上級悪魔のうちの一人である。

サタナキアは全ての女性を意のままに操る能力を持っているといわれ、女性たちはサタナキアの前には服従するしかないという。そのため、女性を自分の思うままにしたいと望む召喚者たちが呼び出そうと躍起《やっき》になる悪魔なのである。

また、「サバトの山羊」として知られるバフォメットと同一視されることも多い。

基本DATA
【能力】女性を意のままに操る【関係のある悪魔】バフォメット

フルーレティ

氷を自在に操る地獄の副将軍

フルーレティも、ルキフゲ・ロフォカレやサルガタナス、サタナキアと同じように**ルシファー**、**ベルゼブブ**、**アスタロト**に仕える六人の上級悪魔の一人である。そして、悪魔たちの大軍を率いる地獄の副将軍でもあるという。

夜にその活動を活発にするというフルーレティは、召喚されると召喚者が持つ仕事を夜の間に速やかに済ませてしまうという。

また、氷と強く結びつけられた悪魔であり、あらゆる場所へ自在に雹《ひょう》を降らせることができるといわれる。

基本DATA
【階級】上級悪魔、副将軍【能力】雹を降らす

アガリアレプト

全ての謎を解き明かす悪魔

アガリアレプトは、地獄において悪魔たちの軍団を指揮する将軍であるとともに、家老の役職も務めているという。また、**ルシファー**、**ベルゼブブ**、**アスタロト**に仕える六人の上級悪魔の一人にも数えられる存在である。

そして、どのような謎でも解決することができる能力を持つアガリアレプトは、解き明かした謎を召喚者に伝授するという。

また、王室や宮廷、政府機関や秘密機関など、世界のあらゆる秘められた情報をも解明し、暴くことができるといわれる。

基本DATA
【階級】上級悪魔、家老【能力】政府機関や秘密機関の情報を暴く

魔女

童話で魔女というと、森の中で暮らしているものだ。しかし、魔女は本来群れるものだった。伝説の世界の魔女について探ってみよう。

真夜中の宴

真夜中、ほうきにまたがって空を飛び、魔女たちは村はずれの野原に集まる。悪魔を呼び出し、一晩中踊り明かす夜宴（サバト）の始まりだ。

魔女たちは「魔女の軟膏」と呼ばれる、黒くて嫌な臭いのする水を体に塗る。この薬はあらゆるドアを開く鍵の役目をするので、扉や窓をあけて飛び出すことができるのだ。この軟膏の成分は、処刑されたばかりの罪人の死体から取った脂肪や、洗礼前に死んだ子供の遺灰などからできているといわれるが、万が一にも好奇心から試してみる者がいないよう、中世に行われた魔女狩りの際にも異端審問官が必死で隠したといわれている。

魔女になるには、サバトにおいて悪魔と契約書を書き、自らの血で署名する。そして悪魔に一生仕えることを誓い、十字架を踏むことでキリスト教を否定する。それに対して、悪魔は魔女に魔力や毒薬、使い魔などを与える。

サバトは、魔女と悪魔の乱交の場だといわれている。しかも、彼女たちのほとんどは、悪魔の血を引く者たちだという。悪魔は生殖能力を持たないため、まずはサッキュバス（女魔）に化けて人間の男と交わり、彼の精子を体内に入れ、それをインキュバス（男魔）

となって人間の女と交わることで子供を作るのだ。そうして生まれた者たちやその子孫は、悪魔の力をある程度受け継いでいるので、魔女や魔術師と呼ばれているのだ。

魔女狩りと現代の魔女たち

彼女たちはもともとは、産婆術や薬草の知識などを持ち、ときに産婆や薬草の知識などを持った、「賢い女たち《ワイズウーマン》」と呼ばれた女性たちであったといわれる。また、しかし、魔女たちの夜宴といわれるサバトは、実際のところ、ヨーロッパにキリスト教以前の民俗的な季節の祭りだったと考えられている。しかし、それらのものが、キリスト教の浸透とともに排除され、邪悪なイメージが付与されていったのだ。そして現在、キリスト教以前の多神教の復興という形で、魔女宗（ウイッカ）と呼ばれる自然崇拝の宗教が生まれている。

アンラ・マンユ

ゾロアスター教における魔王

諸悪の根源となる存在

ゾロアスター教における悪神が**アンラ・マンユ**だ。「敵対する霊」「怒りの霊」を意味し、アフリマン、アンリ・マンユ、アーリマンとも呼ばれている。善性を司る神**アフラ・マズダー**の敵対者であり、「悪」の概念そのものを司る存在で、死、偽り、破壊、強欲、不浄、狂気の支配者である。世界が創造されるときと同時に誕生したといわれている。

暗黒の深みに住んでいるとされ、直接的な実体はなく、毒蛇やサソリといった害獣から、死や病気、醜悪といった災害、あらゆる悪しきものを生み出し、悪行を行うことで人々を傷つけ、世の中に暗い影を落とそうとしている。まさに純粋な悪そのものであり、アフラ・マズダーはアンラ・マンユを乗り越えるための戦いを行っている。

善悪の世界観

ゾロアスター教では、悪は最初から悪であり、善は最初から善である。善が堕落したことによって悪になるという発想はない。世界の終末で悪は滅びることになっているが、現在は最後の審判が下る前、善悪が混合している時代なので、人間は自由意志によって善神とも悪神とも契約できる。つまり、行いによる報いが当然あり、悪いことをすれば地獄に行き、良いことをすれば天国に迎えられる、とされている。

勝敗が決していた度重なる戦い

ゾロアスター教の聖典『アヴェスター』によれば、アンラ・マンユはアフラ・マズダーとともに世界の始まりに先立って存在していた。始めはお互いの空間は分離され、独立した存在であったが、アフラ・マズダーが善なる世界を創り出そうとすると、アンラ・マンユはその行為に嫉妬し、破壊のために様々な害を与えた。それに対し、妨害を止めるためにアフラ・マズダーが呪文を唱えると、アンラ・マンユは三千年間意識を失ってしまう。その間にアフラ・マズダーは世界の創造を再開させた。

アンラ・マンユは目覚めると、六大悪魔を始めとする悪の軍団を率い、世界に進入しようと試みる。繰り返される戦闘に長い月日が流れるが、ことごとくアフラ・マズダーに撃退されてしまう。ゾロアスター教の世界では全知全能の霊であるアフラ・マズダーが勝利することは必然であり、結局はアンラ・マンユは滅びることになるのだ。それは、世界が創造されたときから決まっている。

ルシファーとの類似性

アンラ・マンユとルシファー（サタン）は非常に類似している点が多い。一説によれば、ルシファーの原型はアンラ・マンユであるという。

アンラ・マンユ

●悪魔の長として存在し、唯一神ズルワンから生まれた、アフラ・マズダの双子の兄とされている。

ルシファー

●悪魔の長として、神にもっとも愛された存在で、大天使ミカエルと双子の兄弟であるといわれる。

怒りを司る大魔神
アエーシェマ

邪悪ながらも知力に長ける

アンラ・マンユの配下に属し「激怒」を司る破壊の魔神が**アエーシェマ**だ。**ゾロアスター教**の**六大悪魔**の中で、最も凶暴とされる。敵対する存在は忠直を司る**スラオシャ**。

悪神アンラ・マンユとともに、**アフラ・マズダー**の世界に攻め入ろうとしたときには、血塗られた刃を用いて死神アストー・ウィザード、旱魃の悪魔アパオシャ、地獄の悪鬼ウィーザルシャなどを配下にし、天使を相手に戦った。

また、アエーシェマは人々の争いを生み出すことも役割としている。例えば、巧みな言葉によって善人を怒らせ、酒に酔わせることで凶暴性を引き出そうとする。普段考えられないような行動を起こしてしまった場合はアエーシェマに取り入れられてしまった場合が多い。そのためゾロアスター教ではハマオと呼ばれるお酒以外は禁じられている。

聖典『アヴェスター』

ゾロアスター教の聖典として挙げられるのが『アヴェスター』だ。長く口伝で伝えられてきたが、アヴェスター語によって書物としてまとめられた。しかし、イスラム教の迫害を受けてしまい、テキストは4分の1しか現存していない。その内容は、善悪二元論や神学、呪文など多岐にわたる。

アスモデウスの原型とも

　また、人間を直接攻撃せずとも、人間に役立つ動物を苦しめることで、間接的に危害を加えようとしたり、家畜に対して乱暴な働きを行うように取り入る。争う対象はアフラ・マズダーでなく、身内であるアンラ・マンユの陣営であることもあるほどに、好戦的なのだ。

　また、アエーシェマは、旧約聖書外典『**トビト書**』においてメディアのサラという娘に憑く、**ソロモン七十二柱**の悪魔、**アスモデウス**のルーツとされている。

ゾロアスター教の対立構造

ゾロアスターの六大悪魔にはそれぞれ敵対する存在がある。ちなみにスプンタ・マンユとは善神アフラ・マズダーの霊である。

スプンタ・マンユ	（聖なる霊）	⟷	アンラ・マンユ	（無知なる者）
ウォフ・マナフ	（善思）	⟷	アカ・マナフ	（悪思）
アシャ・クヒシュタ	（天則）	⟷	ドゥルジ	（虚偽）
アールマティ	（敬虔）	⟷	タローマティ	（背教）
クシャスラ	（王国）	⟷	サルワ	（無秩序）
ハルワタート	（完全）	⟷	タルウィ	（熱）
アムルタート	（不滅）	⟷	ザリク	（渇）

邪神が創造した三つ首竜

アジ・ダハーカ

破壊が目的の創造物

ゾロアスター教の悪神、**アンラ・マンユ**がつくり出した三口、三頭、六眼の巨大な竜。ゾロアスター教の聖典「アヴェスター」によれば、アジ・ダハーカは最も怪物的な創造物であり、「アジ」は竜や蛇を示す。翼が生えた龍蛇で、口からは炎や毒を吐き出し、**アフラ・マズダー**の創造したものすべてを破壊することを目的とする。ゾロアスター教において、有害な生き物の多くは爬虫類とされ、アジ・ダハーカはまさにその典型といえる。性格は執念深く、残忍で、千の魔法を使い、アフラ・マズダー配下の、火の神アータルとも激しい戦った。

ペルシアの暴君**ザッハーク**と同一視されることもあり、人間を間違った道に導き、堕落させるという。

豆知識　ザッハーク

中世イランの叙事詩「王書」に登場する蛇王ザッハークはアジ・ダハーカが人間に変わったものだとされている。罪なき人を次々と殺しては、肩の蛇の餌としていた。

世をおぞましい生き物で満たす

アジ・ダハーカの体内には無数のトカゲやサソリといった有害な生き物で埋め尽くされており、退治するために切りかかると、害獣があふれ出し、世界に蔓延してしまう。

そんなアジ・ダハーカと対峙した勇者として有名なのが**スラエータオナ**だ。スラエータオナがアジ・ダハーカを退治しようとし切りかかると、やはり切り口から毒虫や害獣が這い出してきた。そのためついに退治することはできず、神の加護をもって捕獲し、ダマーヴァンド山に幽閉することで、害が広がるのを防いだ。完全に退治することはできなかったために、いずれ復活し、世界の三分の一を破壊しつくすという。

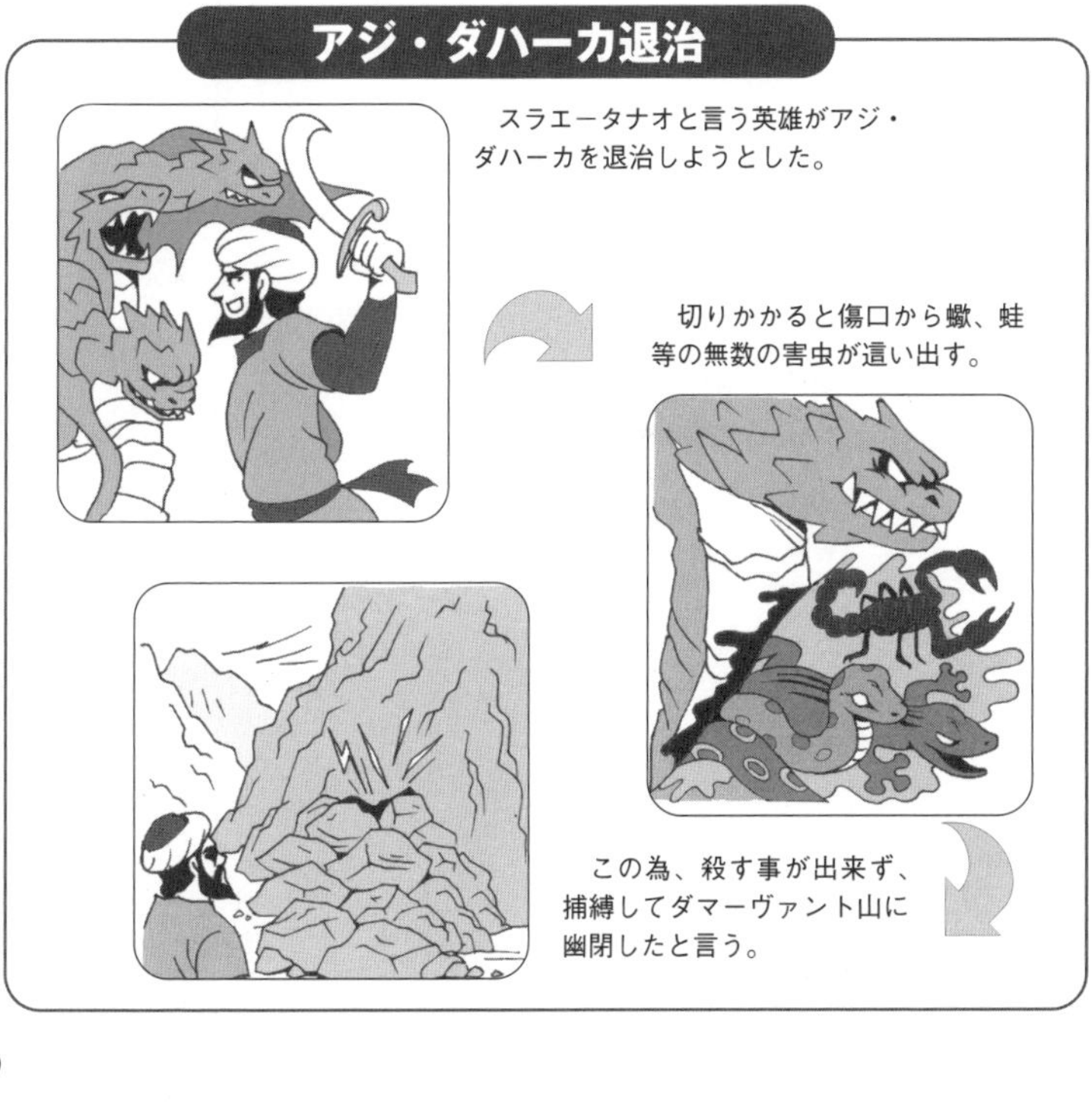
アジ・ダハーカ退治
スラエータナオと言う英雄がアジ・ダハーカを退治しようとした。
切りかかると傷口から蠍、蛙等の無数の害虫が這い出す。
この為、殺す事が出来ず、捕縛してダマーヴァント山に幽閉したと言う。

人々の心を惑わし、悪の世界へ誘う

アカ・マナフ

アンラ・マンユに次ぐ悪魔

　アカ・マナフは**アンラ・マンユ**に仕える**ゾロアスター教**の**六大悪魔**の一人で、善神**ウォフ・マナフ**の敵対者として位置づけられ、その名は「悪しき思考」を意味している。人々に取り憑き、悪意や怒りなど邪な心を植え付けて、善悪を判別する力を狂わせ、悪の道へと誘い込むとされた。そのため、ゾロアスター教徒たちは、ウォフ・マナフの力がアカ・マナフの悪の力を押さえるように、自分の中の悪い心を克服することが一日の始まりに行う日課だった。

　六大悪魔の一人、ドゥルジの次に創造されていながら、アンラ・マユラに次ぐ地位にあり、アカ（悪しき）の最上級を意味する言葉をつけて、アチシュタ・マナフとも呼ばれる。

善神と悪神の入れ替わり

　ゾロアスター教と同じように、善神と悪神の対立という構図がヒンズー教でも成立している。しかし、ゾロアスター教でアフラと呼ばれる善神は、ヒンズー教ではアシュラと呼ばれる悪神に、ダエーワと呼ばれる悪神がデーヴァと呼ばれる善神に、と呼び名が逆である。

　このことについては諸説あるが、アフラを善神とする人々とデーヴァを善神とする人々の間に対立があり、相手の信仰する神を悪神にしてしまったのではないかとされている。

ドゥルジ

ハエの姿で不浄をもたらす女悪魔

死を広める忌わしき者

その名は「虚偽」を意味し、宇宙の法則を司る**アシャ**と敵対する者とされる**ドゥルジ**。**アカ・マナフ**よりも先立って**アンラ・マンユ**に仕えていたハエの姿をした女悪魔。アルズーラ山峡にある地獄とつながっている洞窟からやって来て、伝染病などで死を広めるなどして、不浄を地上に撒き散らす。屍を意味する「ナス」という言葉と結び付けて「ドゥルジ・ナス」と呼ばれ、腐敗した死体を好むとされた。

ゾロアスター教では、屍の腐敗によって、火や土といった神聖なものを汚すとされていた。そのため、屍好きのドゥルジを追い払う「ウィーデーヴ・ダート」という呪文を唱えるとよいとされた。

鳥葬

ゾロアスター教では、最大の汚れである「死」（屍の腐敗）から神聖なる大地を守るための「鳥葬」という習慣があった。死者を「ダフマ」という塔（別名、「沈黙の塔」）の上に置き、聖獣とみなされている猛禽（鳥）に食べさせていたのである。しかし、1900年には法律で禁じられた。

サルワ

悪心を植え付け、世界から秩序を奪う

統治力の象徴である善神**フシャスラ・ワルヤ**の敵対者。つまり、世の中の秩序を破壊することを使命とし、不平等や弱肉強食といった考え方を、人々の心に蔓延させる。そうして、不平・不満を募らせることで、この世に無秩序状態を作っていく。**サルワ**とは「無秩序」という意味である。

しかし、世界の終末の日に、金属の神でもあるフシャスラの浄化の溶鉱によって、滅ぼされたという。

基本DATA

【能力】不平等、弱肉強食といった考え方を蔓延させる【敵対関係】フシャスラ・ワルヤ

タローマティ

心の隙をついて、人々を豹変させる

人々の心の中に巣食う女悪魔で、信仰心を疑わせたり、忠誠心を乱したりすることで、善人も強盗や嘘つき、詐欺師などにしてしまうという。**タローマティー**とは「背教」「憶測」を意味しており、善神**スプンタ・アールマティ**の敵対者であり、**アンラ・マンユ**に仕える六大悪魔の一員。

しかし、そんな彼女は、「アルヤーマー・イシュヨー」という呪文を恐れていて、唱えるやいなや退散するものとされた。

基本DATA

【敵対関係】スプンタ・アールマティ【関係のある悪魔】アンラ・マンユ

植物を枯らし、毒草を育てる
ザリチュ

アンラ・マンユに仕える**六大悪魔**の一員で、「熱」を司る**タルウィ**のパートナーとされるので、並び称されることが多い。**ザリチュ**は「渇き」を意味しており、不滅を意味する善神**アムルタート**の敵対者である女悪魔。旱魃《かんばつ》や日照りなどの悪行で、世界を混乱させたり、植物を滅ぼす。さらに、毒草を育てて地上に蔓延させるのが使命である。

人々に対して「加齢」と「老衰」をもたらすといわれる。

基本DATA
【関係のある悪魔】アンラ・マンユ、タルウィ
【敵対関係】アムルタート

悪しき熱をもってして植物を滅ぼす
タルウィ

その名は「熱」を意味する。「渇き」を司る**ザリチュ**のパートナーとされており、**アンラ・マンユ**に仕える。水を司る善神**ハルワタート**の敵対者である。

ゾロアスター教において、「火」の概念は神聖なものであるが、**タルウィ**が司どるのは、砂漠の灼熱や旱魃の熱さなど「悪しき熱」のこと。

また、地上に生きるありとあらゆる植物を滅ぼし、毒草のみを育てることから、毒草の創造者といわれることもある。

基本DATA
【関係のある悪魔】アンラ・マンユ、ザリチュ
【敵対関係】ハルワタート

イフリート

乱暴者だが愛嬌のある魔神

腕力に優れた煙の怪物

イフリートは「魔神」と訳される。**ジン**（妖霊）の中でも、とくに巨大で乱暴なものをこう呼ぶ。

イフリートはジンより腕力はあるが、変身の力はジンより劣る。また、ジンは火でできているが、イフリートは煙でできており、翼で空を飛ぶ。また、体の一部（目や腕）が多くついているものもいる。

顔つきは恐ろしく、声は雷鳴のように鳴り響く。火炎を吹くこともあり、人間が受けたら即死してしまうほどの威力がある。どんなに鋭い武器でも、イフリートを傷つけることは不可能だといわれている。イフリートを傷つけ、殺すためには魔法をかけるか、油断をした隙に攻撃しないと、通常の武器でイフリートを倒すことはできないだろう。

もっと知りたい　妖霊（ジン）

イスラム世界で信じられている精霊。通常、人の目には見えないので、いろいろないたずらをする。人前に姿を現すときは鬼、または人間、蛇、他の獣といった姿になる。ジンは腕力、魔力ともに人間より優れる。

恐ろしいがどこか愛嬌がある性格

イフリートは恨み深い性格のため、馬鹿にされたり、肉親を殺されると、血の復讐を行う。

だが、イフリートは邪悪そのものというわけではない。『千一夜物語』の中では、妻にいじめられている夫に力を貸したとエピソードもある。

イフリートは単純なので、魔法使いに騙されてつかまっては、ランプや指輪の中に縛られる。このように、イフリートは恐ろしい反面、どこか愛嬌のある怪物なのである。

瓶の中のイフリート『千一夜物語』より

ある日のこと、漁師が網を引くと魚のかわりに真鍮の瓶が網にかかった。瓶には鉛の封印が施されており、ジンを従えていたという、ソロモン王の印章があった。

漁師が瓶のふたを開けると、恐ろしい姿のイフリートが現れた。このイフリートは悪性のため、その昔ソロモン王が瓶に封印し、海に投げたものだった。イフリートは、封印されて最初の100年は「おれを救い出す者あらば、永久に金持ちにしてくれようぞ」と思い、次の100年は「地中の宝を開いてやろうぞ」と思い、さらにその次の100年は「3つの願いを叶えてやろうぞ」と思っていた。しかし、1800年がたつうちに「もし俺を自由にするものがあれば、誰でもいい、殺してやろう。ただ死に方はそいつの望みにまかしてやろう」と思うようになったのだといい、漁師につめ寄るのだった。

闇夜に襲いかかる食屍鬼

グール

地上に焼け落ちた悪魔

夜の闇を好み、人肉を喰う鬼、**グール**。しわくちゃの体に、長く鋭い歯、人肉の匂いを素早く嗅ぎわける鼻を持っている。グールは、砂漠や林にいる人間を道に迷わせ食べることもあれば、墓場に出没して死骸を掘り出して食べることもある。

この恐ろしい人喰い鬼、グールには雄と雌がいる。しかし、夫婦一緒に住んでいることは少ない。雄は単独で暮らすことが多く、雌は単独でいるか、子供を連れていることもある。

このようなグールはどのように生まれたのか。一説によれば、**シャイターン**が天国の言葉を盗み聞きしようとした際に、天使の流星の矢によって撃ち落とされたものがグールになるのだという。多くは焼け死ぬが、助かったものは地上に転げ落ちる。このとき水に落ちるとワニ、土に落ちるとグールになるという。

もっと知りたい　シャイターン

シャイターンとはイスラム教で悪魔を意味する。神に背き、疫病を流行らせることを武器とし、人々を悪の道へと引き込む存在である。シャイターンには雄と雌がおり、一体ごとに名前を持っている。恐ろしい顔にねじれ曲がった手足が特徴だが、人間そっくりに化けることもできるという。シャイターンが恐れるのは神の御名と夜明けを知らせる鳥だからか、雄鶏を特に恐れ、ラマダーン（断食月）の間は縛られて動けないといわれている。シャイターンは人間を騙すことしかできないので、誘惑に負けなければ怖くはない。

剣よりも智恵で身を守る

グールはあの手この手で人間を騙しては食べるのだが、その手口は色、変身、火の三つに分けられる。色とは、体色を保護色に変える能力である。背景と同化し、至近距離で人間に襲いかかる。また、姿形を自在に変え、動物や美女になって旅人を誘惑したり、別の旅人に化けて一緒に行動し、最後には砂漠の奥深くに引き込んで襲う。火は人間の弱みにつけこんだ、最も悪質な手口だ。闇の砂漠で火を焚き、心細くなった旅人を引き寄せるのだ。砂漠で見つけたかと思われた唯一の光がグールの罠であろうとは、そのときの旅人の絶望感ははかり知れない。

このような凶悪なグール、一体どのように対処すればいいのであろうか。一つは、やたらに恐れないこと。そして、礼拝の時刻を告げる呼びかけ（アザーン）を行なったり、魔物が嫌うとされる鉄や鉄剣を身につけることで、グールから身を守れる。しかし気をつけたいのは、それらの鉄剣などでグールと戦うこと。一撃でしとめられなければ、グールは息を吹き返す。例えグールを殺して焼いたとしても、爪が残っていれば飛びかかってくる。グールには、剣よりも智恵で立ち向かうほうが賢明である。

砂漠でグールに突如襲われたら？

グールに襲われたら剣よりも智恵だというが、ではその具体的な対処法とは？　まずは、鉄を身につけ「おお鉄よ！」と叫ぶだけでも効果はある。「アッラーは偉大なり」「おぞましき悪魔の害よりアッラーの加護を求めまつる」などと唱えるのも効果的だ。またグールにも掟があるので、私たちが先に「御身の上に平安あれ」と挨拶をすれば、驚くほど親切になる。さらにグールは誓いに縛られる。例えば、グールが食べようとしてあなたを探しても見つからず、諦めて「何もしない」といわせることができれば、その後一切危害は加えてこない。

パズズ

風とともに熱病をもたらす悪魔

畏怖される存在

メソポタミアに伝わる風の悪魔**パズズ**。

その信仰は紀元前千年期のアッカド・バビロニアまでさかのぼり、当時の人々にとっては恐るべき存在であると同時に、崇拝の対象だった。その彫像は、悪霊を統制する護符として用いられることもあったという。

その姿は、ライオンの頭と腕、鷲の脚、背中に四枚の鳥の翼とサソリの尾、更には蛇の男根を隠し持つという。ただし、有名なフランスのルーブル博物館所蔵の青銅像には、サソリの尾はついていない。映画「エクソシスト2」では、イナゴを操る悪魔として登場している。

パズズは、自分と同じくらい強力な魔力を持つ、**ラマトゥシュ**という妻を持つ。彼女は獅子の頭とロバの歯を持つ人間のような姿をしており、満たされることのない食欲を持っている。年端もいかない子供をさらったり、病気にしたりしてその血をすすり、骨肉を喰らい、二匹の蛇と二匹の犬を使い魔としていた。ラマトゥシュの魔力に対抗するためには、魔力を秘めた文字を彫り込んだ粘土盤を、護符として子供の首に書ける必要があった。

熱風から生み出された

当時メソポタミアでは、ペルシア湾より吹き付ける熱風は嵐とともに熱病を運んでくると考えられていた。この考えの中から恐ろしい風の魔物達が生み出され、パズズもその一例と考えられる。もたらされた病を治療するには、呪文や魔術的な儀式が必要だったといわれている。逆に、低級な病魔を追い払うためにはパズズに祈ったり、供物を捧げる事で追い払う事が出来たとされている。

メソポタミアの地理

パズズは南東の風にのせて熱病を放ち、これに当たったものは頭痛や吐き気などをもたらすとされた。

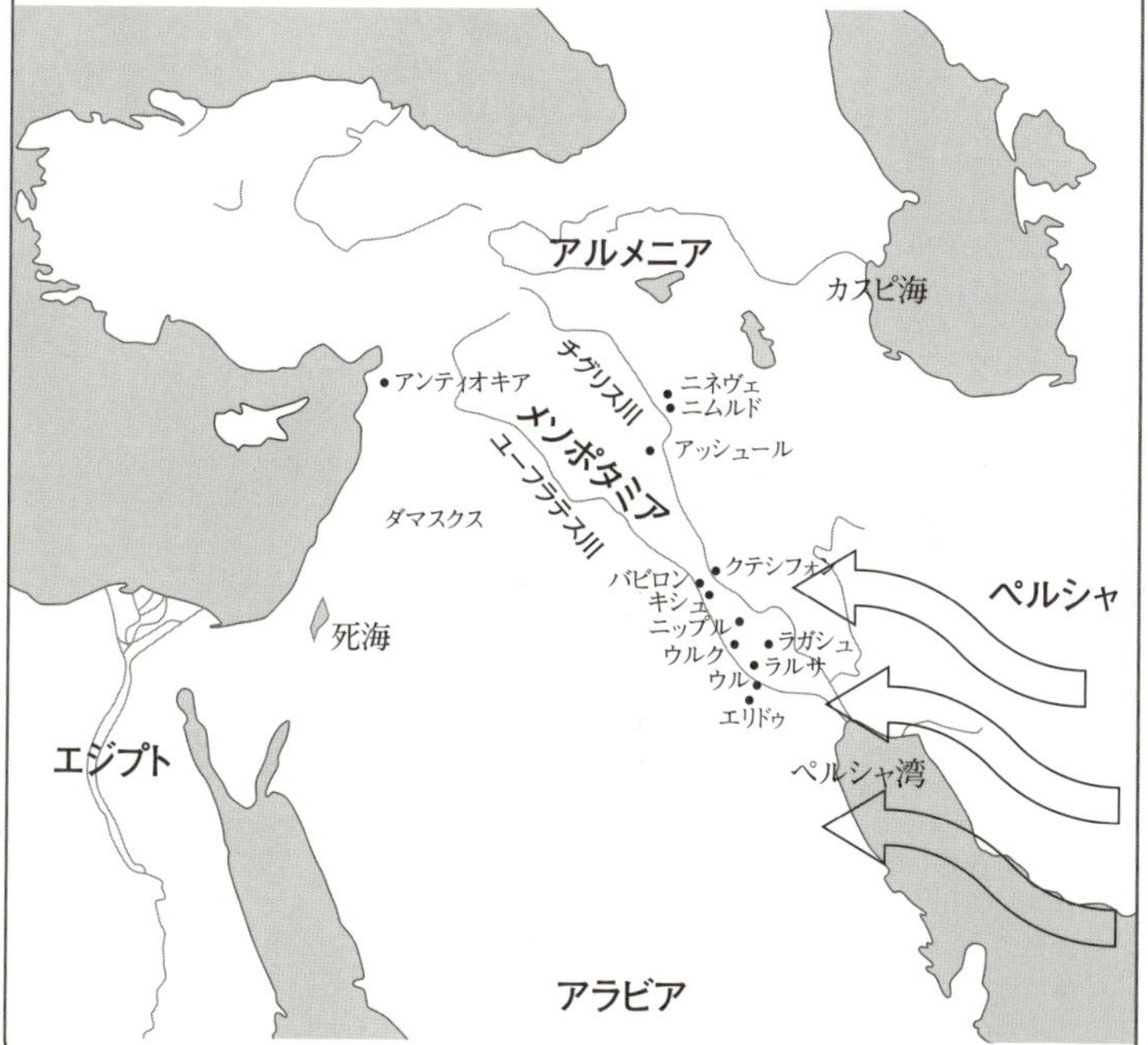

仏道修行を邪魔する悪魔

魔羅（まら）

仏教の悪魔観

仏教における悪魔的な存在といえるのが魔羅《まら》だ。しかし、厳密にいえば、神と対立するものとしての悪魔という概念は仏教にはない。仏道の悟りを開くための修行僧や善人の行為を妨害するものであり、西洋の悪魔とは立場が違うものといえる。

日本において、鬼や妖怪も悪魔に近い存在と考えられる場合があるが、どちらも怪物としての認識されている。悪しきものとしてよりも、自然現象や非日常的な存在が転じた「もののけ」としての存在感が強い。また、他の宗教の悪魔と同じように、魔羅はインドにおける肌の黒い被支配者が崇拝していた神々だったといわれている。

仏教における悪魔という存在は、悪を象徴する総称ではなく、仏道修業を妨げるものとして存在しているのだ。

豆知識　煩悩

欲望や怒り、執着など、人間を惑わし、心身を乱し悩ませる精神の働きを煩悩という。これを修行によって消滅させることで悟りを開く、という点では魔羅に近いものがある。

また、煩悩の数は宗派によって違い、必ずしも百八あるわけではない。百八という数字は、あくまで大変多いことを示している。除夜の鐘は百八つ鳴らすことで、煩悩を滅するとされる。

「魔」そのものの存在

そもそも「マーラ」という言葉はサンスクリット語で「殺すもの」を意味し、「魔」という漢字自体、マーラを漢訳するために作られた。

　読みを表す「麻」と、意味を表す「鬼」を組み合わせて作られたのだともいう。

　仏教において「魔」という文字には、「悪い」という意味合いはなく、むしろ、人知を超えた力という意味合いが含まれている。

　また、魔羅は男性器を表す隠語としても用いられることもある。これは、性欲によって身を滅ぼすことがあるためで、戒めの意味でと考えられる。

ヒンドゥーの愛の神　カーマ

　ヒンドゥー教における愛の神。別名マーラ。五本の花の矢を持ち、その矢で射られたものは恋に落ちてしまう。瞑想するシヴァ神の邪魔をしたことが原因で怒らせてしまい、灰にされてしまう。

魔羅の悪行

魔羅の役割は、キリスト教におけるサタンと同じく、仏教徒を誘惑し、堕落させることであり、多くの仏教教典に、魔羅が出てきて僧を誘惑した話が出ている。あくまで襲ったりはせずに、道理を外させるのがその役割なのだ。

釈迦が悟りを開こうとする修行の最中に、旋風を巻き起こし、雨嵐を起こして、吹き飛ばそうとしても釈迦の衣は濡れることなく、娘の姿になって誘惑するがそれに屈せず、最後には悟りを開くことすらあきらめさせようとしたが、誘惑に屈することなく、悟りを開いた。

このように実際、魔羅が登場するのは仏教の修行中の者や悟りを開いた者の前であり、そして、実際に危害を加えることはなく、誘惑するだけがほとんどのようだ。そのため、修行者の意志が強く、魔羅の誘惑を受け付けなければあっけなく退散してしまう。つまり、魔羅を退治することは己への修行であり、煩悩を捨てられているかどうかを判別しているための存在と考えられる。

ヒンドゥー教の神としての一面も

ヒンドゥー教に**カーマ**という愛の神がいるが、別名をマーラという。同じように苦行者の邪魔をすることがあり、それが原因でシヴァ神に焼き殺される。

こちらは美男子であり、持ち物の矢で射られたものは恋情を引き起こされる。ギリシア神話におけるヴィーナスの息子であり、愛の神でもある**クピド**とも類似している点が多いことが特徴だ。

仏陀の悟りを妨げる

釈迦が悟りを達成するために重要な障害となるのが魔羅だ。魔羅は様々な誘惑を実施するが、悟りを開くためのステップとなってしまう。

釈迦が菩提樹の元に行ったとき、魔羅は自分たちの娘の誘惑で、彼の決心をぐらつかせようとしたが、釈迦はその誘惑に屈しない。

怪物に襲わせ、驚かせようとするが、驚くことも近付くこともできない。

岩石やあらゆる武器を雨のように降らせても、すべては花束へ変わってしまう。結局、釈迦は雨風にも暗闇にも屈せずに悟りを開き、仏陀となる。

図形の魔法

図形の持つ意味とは？

図形は古くから神秘的な力を意持つとされ、魔方陣をはじめ、身近な図形には何かと魔術や魔法とを結びつけられてきた。いままでの記述のされ方からその図形の持つ意味を探っていこう。

丸

丸は偉大なる太陽、巡り来る輪廻、すべてを見通す眼などの意味が込められることがある。もっとも歴史が古く、シンプルな魔法円ともなる。

三角

三角は「三」という数字の神秘さから「大地、水、空」「父、母、子」「過去、現在、未来」「キリスト教の、父、子、精霊」などの意味と重ねられてきた。

四角

四角は「東西南北」、「四つの季節」、「地水火風の四元素」、「四大天使」など、四つの要素を持っている様々な事柄を象徴するものとなっている。

星

星は五芒星やペンタグラムとも呼ばれ、陰陽道における五行（木・火・土・金・水の五つの元素）や魔よけとして用いられた。

他にもキリスト教のシンボルとして扱われることが多い十字架や、三角形を重ね合わせ、「ダビデの星」とも呼ばれる六芒星など、意味を込められた図形は多数存在する。

また、これらを組み合わせることでより複雑かつ、高度な魔法円、魔方陣が考えられていった。

魔獣

神話における魔獣の行いは悪そのものであり、人間を苦しめること、畏怖の念を抱かせることがその目的である。世界各地における数多くの魔獣にまつわる逸話は、恐怖や畏怖の念を抱かせることに用いられた。人々が苦しむことで、それが伝えられ、悪名を高くしていったのである。

魔獣における
エピソード

人知を超えた害を与え続ける恐ろしい魔物たち

恐怖を具現化させた存在

人間の想像力は様々な怪物を生み出す。しかし、そこには常になんらかの原因があり、魔獣としての存在は、聖獣におけるそれと極めて近いものがある。つまり、「恐怖」が形を変えたものが魔獣として存在することが多い。

また、ある意味では恐怖を避けるために創造したとも考えられる。魔獣として具現化させることで、人間が何があるのかわからない状態よりもそれに対して身構えることもできるからだ。

神話における魔獣の行いは悪そのものであり、人間を苦しめること、畏怖の念を抱かせることがその目的である。地震や日食、嵐、洪水といった異常な自然現象は魔獣の行いとされ、未知の地域の恐怖を表すことにも用いられた。人々が苦しむことで、それが伝えられ、悪名を高くしていったのである。時には、神が直接創り出したといわれる存在もある。

一方で、巨大で邪悪な生き物だからこそ魅了されることがある。

「魔」という漢字には、人知を超えた力、という意味が込められており、それゆえに歴史上多くの人が魔獣のことを思い描き、恐怖とともに興奮を覚えたのではないだろうか。自分の住む世界の領域以外であるからこそ、その複雑さや危険性を楽しむことができるのだ。

魔獣の特色

世界各地には数多くの魔獣にまつわる逸話が存在する。

ギリシア神話では、言うまでもなく多種多様な魔獣が登場し、猛威を振るっている。英雄**ヘラクレス**にいたっては、複合獣である**キマイラ**や九つの首を持つ**ヒュドラ**、地獄の番犬**ケルベロス**など、多くの魔獣を退治することで、難業を達成しているのだ。

魔獣が棲むといわれる場所は、ありとあらゆる場所となっているが、多くは実世界から遠い場所、つまり生活圏外になっていることが多い。海の怪物である**セイレーン**や**クラーケン**、異国の地の恐怖を表した**バシリスク**や**アンフェスバエナ**は旅行への注意を促す典型ともいえる。

7つの大罪

7つの大罪とは、罪に導く可能性がある欲望や感情のことである。ドイツの悪魔学者・魔女探索人ペーター・ビンスフェルトは16世紀にそれぞれの罪とそれに対する悪魔のリストを作り出した。

「傲慢」	ルシファー
「嫉妬」	リヴァイアサン
「暴食」	ベルゼブブ
「色欲」	アスモデウス
「怠惰」	ベルフェゴール
「貪欲」	マモン
「憤怒」	サタン

蛇、龍は魔獣として多く登場するが、その地域によって扱われ方が違うのが興味深い。なかでも東洋の龍は神と崇めれているが、同様の容姿をしている西欧のドラゴンは神々に対する存在として悪魔視されていることが多い。**ヨハネの黙示録**でも、**ミカエル**に退治されるのはドラゴンの姿をした悪魔である。

　他にも**ファーブニル**や**ヴリトラ**、**ヤマタノオロチ**など、蛇や龍の姿で伝えられるものが多く存在している。

世界各地にみられる魔獣

ヨーロッパの個体数が多いのは、ギリシア神話など古くから伝わる物語に怪物が多く登場するためである。

地域	名前
アジア	ヴリトラ（古代インド神話） ヤマタノオロチ（日本神話） 渾沌（古代中国神話） 饕餮（〃） 窮奇（〃） 檮杌（〃）
ヨーロッパ	セイレーン（ギリシア・ローマ神話） ワラーケン（北欧神話） ファーブニル（〃） キマイラ（ギリシア神話） オハトロス（〃） ヒュドラ（〃） パシリスク（中世ヨーロッパ・中東の伝承） アンフェスバエナ（古代ローマの伝承）

悪の化身　蛇・龍の姿をしたもの

リヴァイアサン

ヤマタノオロチ

魔獣の種類

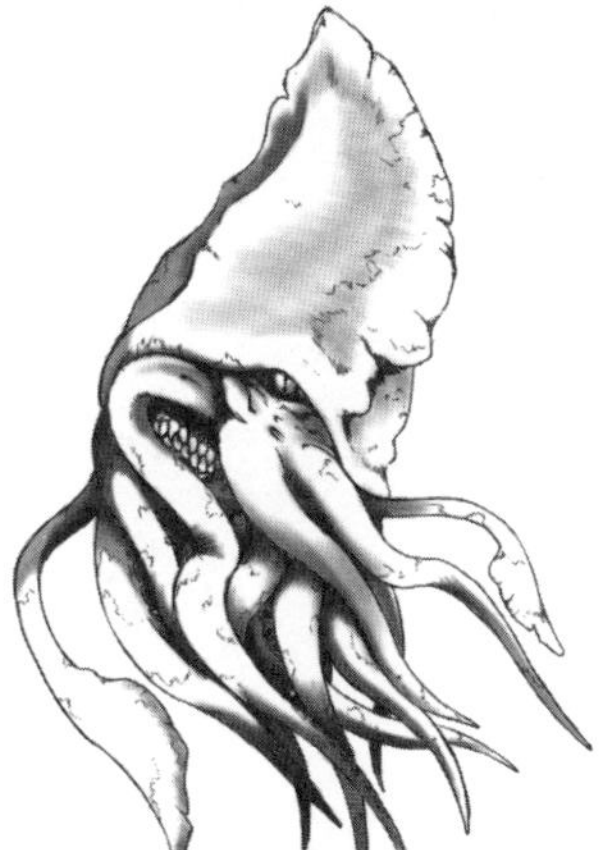

自然への畏怖の表れ
海に棲むもの
クラーケン

番犬の役割が多い
犬の姿をしたもの
ケルベロス

神が創造した最も恐ろしい蛇

リヴァイアサン（レヴィアタン）

巨大な海の怪物

ヘブライ語で「ねじれたもの」を意味する**リヴァイアサン**（英語読み）は巨大な海蛇である。海水が湧き出る深淵に棲み、槍も剣もいかなる武器も通さない鋼のように分厚い鱗を持っている。炎を吐き、鼻から煙を出す様子はドラゴンのようでもあるが、その姿体は鯨という説やクロコダイルという説まで様々である。リヴァイアサンの大きさを示すエピソードには次のようなものがある。闇に包まれた大海原を航海中に船員が島を発見し降りたところ、それは巨大なリヴァイアサンの背中であった。また、旧約聖書の『**ヨブ記**』によると、その巨大さゆえにリヴァイアサンが獲物を探しながら海面を泳げば、深淵からグツグツと煮えたぎる鍋のように海がるつぼと化したという。

人間を惑わし、嫉妬を司る大悪魔

悪魔学においてリヴァイアサンは水から生まれた悪魔となっている。悪魔が最も得意とする悪行は人間を陥れて堕落させることだが、リヴァイアサンも例外ではない。人間にとり憑いて乗っ取った姿

を利用して大嘘をつき、人々を混乱させたのである。

　女性の姿で**アダム**を誘惑し、男性の姿でイヴを惑わせた蛇と同一視されることもあり、中世には**ルシファー**の側近として悪魔の地位を確かなものにした。

　キリスト教には人間を罪に導く要因として**七つの大罪**があり、リヴァイアサンはその中でエンヴィー（嫉妬）に対応する悪魔である。ほかの要因として傲慢、暴食、色欲、怠惰、貪欲、憤怒がある。

冷酷無情なリヴァイアサン

大いなる神は天地創造の五日目に雌雄のリヴァイアサンを創り出した。
ところが、凶暴な生物の子孫が繁栄しては困るため、雌雄を引き離した。
やがて雌が滅び、雄のリヴァイアサンはその屍を他の魔獣に餌として与えてしまう。その非情さが悪魔視を強めた。

伝承によって変化する水陸両生の巨獣

ベヒモス（バハムート）

動きの鈍い大食漢

ベヒモスは旧約聖書の『**ヨブ記**』に記述されていて、七つの大罪のひとつ「貪欲」を司る魔獣とされる。その大きさは一身にデンダインという砂漠を広げてしまうほど巨大な体格をしている。また、大きく開く口は広がる草木を一気に食べ尽くし、ヨルダン川の水もひと口で飲み干すという。魔界の巨象は顎が疲れるまで欲望のままに食べ続ける楽天主義者なのだ。

中世のベヒモスは**リヴァイアサン**と同様に強大な力を持つ悪魔と見なされていた。大食の喜びを知るベヒモスらしく、人間を過食という罪へ引き込む役割を担っている。また、**ルシファー**の第六副官として海軍を率いて、ミカエル軍の補給を絶つように暴れ、多くの敵艦を海深くに沈ませた。ところがルシファー軍が敗北したため、ベヒモスも追い払われる結末を迎えている。

もっと知りたい　**バハムートの巨体**

イスラム世界では、バハムートが大地を支えているとされるが、実際にはバハムートの上にクジャタという魚を背負い、その上にルビーの岩山、さらにその上に天使が乗り、大地を支えているという。

バハムートへの変化

イスラム世界への伝播により、カバや水牛がもとになったとされるベヒモスは大魚の**バハムート**へと変化している。バハムートの一番の特徴もその巨大さである。常に眩しい光を発しているため、人間の目で見ることはできない。**『千夜一夜物語』**ではイサ（イエス・キリスト）が猛スピードで泳ぐバハムートを見たが、三日三晩経っても頭部だけが通り過ぎるのみであった。

また、バハムートは度肝を抜く巨大な魚の姿で、神が創った大地を支えているともされるが、一方で竜王として魔界に君臨するともいわれている。これは現代においてゲームなどでバハムートがドラゴン王として扱われるようになったゆえんでもある。

リヴァイアサンとの共通点

ベヒモスはリヴァイアサンと合わせて語られることが多い。同じように神に創造された生物であり、創造主以外に打ち倒せる者が存在しない点、中世では悪魔視されるようになった点などが共通している。

大いなる神はベヒモスとリヴァイアサンを同時に海に入れようとした。

しかし、両者があまりにも大きく海水があふれることを恐れたため、ベヒモスだけを陸に上げた。

天使 聖獣 悪魔 魔獣

地獄の入り口に住む残忍な番犬
ケルベロス

死者は歓迎、生者には牙を向く

ギリシア神話に登場する冥界の番犬。三つの頭を持つとか、五十の頭を持つとか伝えられている。その姿はとても恐ろしく、生きた人間で**ケルベロス**を見た者は、石になってしまったとも言われている。半人半獣の**デュポーン**を父に、上半身が女で下半身が蛇の怪物**エキドナ**から生まれたそうだ。生肉を食べ、尾は蛇で、背中やヒゲ、たてがみにはあらゆる種類の蛇が生えている。

古代のギリシア人は、冥府とこの世との間には**ステュクス川**が流れていて、渡し守のカロンが漕ぐ舟に乗って川を渡れば冥界にたどり着くと信じていた。ステュクス川の向こう岸で番犬として待ち構えているのが、ケルベロスである。ケルベロスは、死者に対しては好意的に迎えるが、生きている人間が川を渡ってくると牙をむくのだという。また死者が冥界から逃げ出そうとするときは、追いかけて捕らえてしまうという。人間の生と死をはっきり区別する存在なのだ。

番犬を手なずけた英雄

ギリシアの英雄**ヘラクレス**の伝説では、冥界の神**ハデス**の許可を得てケルベロスを生け捕りにして地上まで連れ出したという話がある。ケルベロスが地上で流したよだれから、猛毒を持つトリカブト草が生まれたというから、古代の歴史に類を見ない珍事であったに違いない。

他に、ケルベロスが牙をむかなかった人間に、**オルフェウス**がいる。死んだ恋人エイリュディケを求めてステュクス川を渡ったオルフェウスは、得意の竪琴と歌声の音でケルベロスを魅了し、難なく冥界に入り込めたのだそうだ。

門番を突破した者

アイネイアスは巫女に導かれ、秘薬と蜂蜜で作った眠り団子でこの犬をなだめた。

オルフェウスは琴を奏でてケルベロスを眠らせている。

妖精の住居を守る巨大犬

クー・シー

妖精の丘に近づく人間を襲う

スコットランドに伝わる妖精伝説に登場する魔獣。「クー」は犬、「シー」は妖精という意味。文字通り妖精たちの犬で、**クー・シー**自体が妖精の一種だ。二歳ぐらいの牛ほどの巨大な図体で、足は人間の脚と同じくらいだ。体中が暗緑色の毛に覆われていて、ぴんととんがった耳、きりりと丸まった長い尾を持つ。目はぎらぎらと輝き、足音を立てずに風と同じ速度で滑るようになめらかに走ることができるそうだ。そのため、妖精たちの乗り物として働くこともある。吼えることは少ないが、その唸り声は遠い海上まで届くほど不気味響きわたるという。

ゲームのキャラクターとして登場して以来、なぜか人気が出て、自分のペット犬に「クー・シー」という名前をつける人が増えたそうだ。勇猛でありながら飼い主には忠実なイメージや、出自が妖精である点が、好感をもたれているのかもしれない。だが、本来のクー・シーは人間には決してなつかない犬である。

イギリスの妖精たちは荒野にある**妖精の丘**の中に棲んでいる。普段は地下や穴に隠れて潜んでいるが、夜中には丘の上で宴会を催したりもするそうだ。それがどこに開かれているのかは人間たちにはわからない。たまに人間の子供をさらうこともあるが、普段は人間は決して近づけない。クー・シー

はその丘を守るのが仕事で、侵入者が現れると襲い掛かる番犬の役目を果たしている。妖精たちは、自分たちの領域に人間が立ち入ることを極度に嫌うのだ。

こんなふうに普段は妖精たちに連れられているのだが、自分だけで里の近くまで出歩くこともある。そんなときに出会ったら、人間にとってクー・シーはやはり危険な魔獣なのだ。

人が荒野を旅しているとき、時に風に混じって、クー・シーが大またで疾走する音や、人間を追い詰めるときのうなり声が聞こえることがある。そのため、背後でクー・シーの声を聞いた旅人は、三度目のうなり声を聞く前に宿を探して身の安全を確保するようにと伝えられてきた。というのは、クー・シーが獲物を追い詰めるときにはまず三度うなり、それから襲いかかって死をもたらすと信じられていたからだ。

妖精の動物たち

妖精の動物には、**ケット・シー**という妖精猫もいる。クー・シーが妖精の番犬として飼われていて、外見以外は通常の犬に近い性質を持つのに対して、ケット・シーは人語をしゃべり二本足で歩き、人間のように猫社会を築いて暮らしているそうだ。

また、**ブラックドッグ**という妖精犬もいるが、こちらはクー・シーよりも獰猛で、もっぱら人間を襲う野犬だ。それに比べると、クー・シーはもっと温厚といえる。基本的には番犬だが、人間がうっかり妖精たちの領域に近づかない限り、害を及ぼす心配はない。

クー・シーとブラックドック

どちらも同じ妖精の犬だが、クー・シーはブラックドッグほど凶暴ではない。ブラックドッグが荒野をうろつくのに対して、クー・シーは妖精の住まいを守っている。

セイレーン

美しい歌で魅了する混合怪物

マストに身を縛り付けたオデュッセウス

ギリシア・ローマ神話に登場する海の魔獣が**セイレーン**だ。上半身は美しい人間の女性、下半身が水鳥の姿をしている。伝承によっては、下半身が魚だったりする。岩浜に棲み、通りかかった船乗りたちを美しい歌声で惑わし、貪り食うという。あるいは船を難破させてしまうという。しかしその歌声は世にも美しいもので、怪物ではあってもどこかロマンチックな趣があり、古今東西の文学者たちの想像力を駆り立ててきた。警報や時報のサイレンという言葉は、セイレーンが語源となったものだ。

ホメロスの『オデュッセイア』によると、英雄**オデュッセウス**は、セイレーンの歌声にまどわされないよう蝋で部下たちの耳をふさぎ、自分は体をマストに縛り付け、歌声が聞こえなくなるまでは縄を解かないよう部下に命じ、セイレーンの棲む岩場のそばを船で通り過ぎることができたそうだ。イアソンをリーダーとするアルゴー探検隊が黄金の羊の皮を求めて航海に出たときは、音楽の天才**オルフェウス**が竪琴をかき鳴らして窮地を救った。オルフェウスの歌が、セイレーンの歌声より勝っていたのだ。しかし、乗組員の一人はセイレーンの歌声に幻惑されてしまい、ついに帰らぬ人になってしまった。

もともとは三人の女神

こんな風に恐ろしい魔物だが、もともとは三人の女神だったという。一人は笛を、一人は竪琴を、一人は歌を得意としていたそうだ。一説によると、彼女たちは芸術の神であるメルポネメから生まれたが、あるときデメテルの怒りを買って、これを怪物のすがたに変えてしまったのだそうだ。別の説では、彼女たちが愛の喜びを軽視したために罰として怪獣の姿に変えられてしまったのだとも、芸術の神ムーサたちと音楽の腕を競い合ったための罰だとも言われている。

姿の変遷

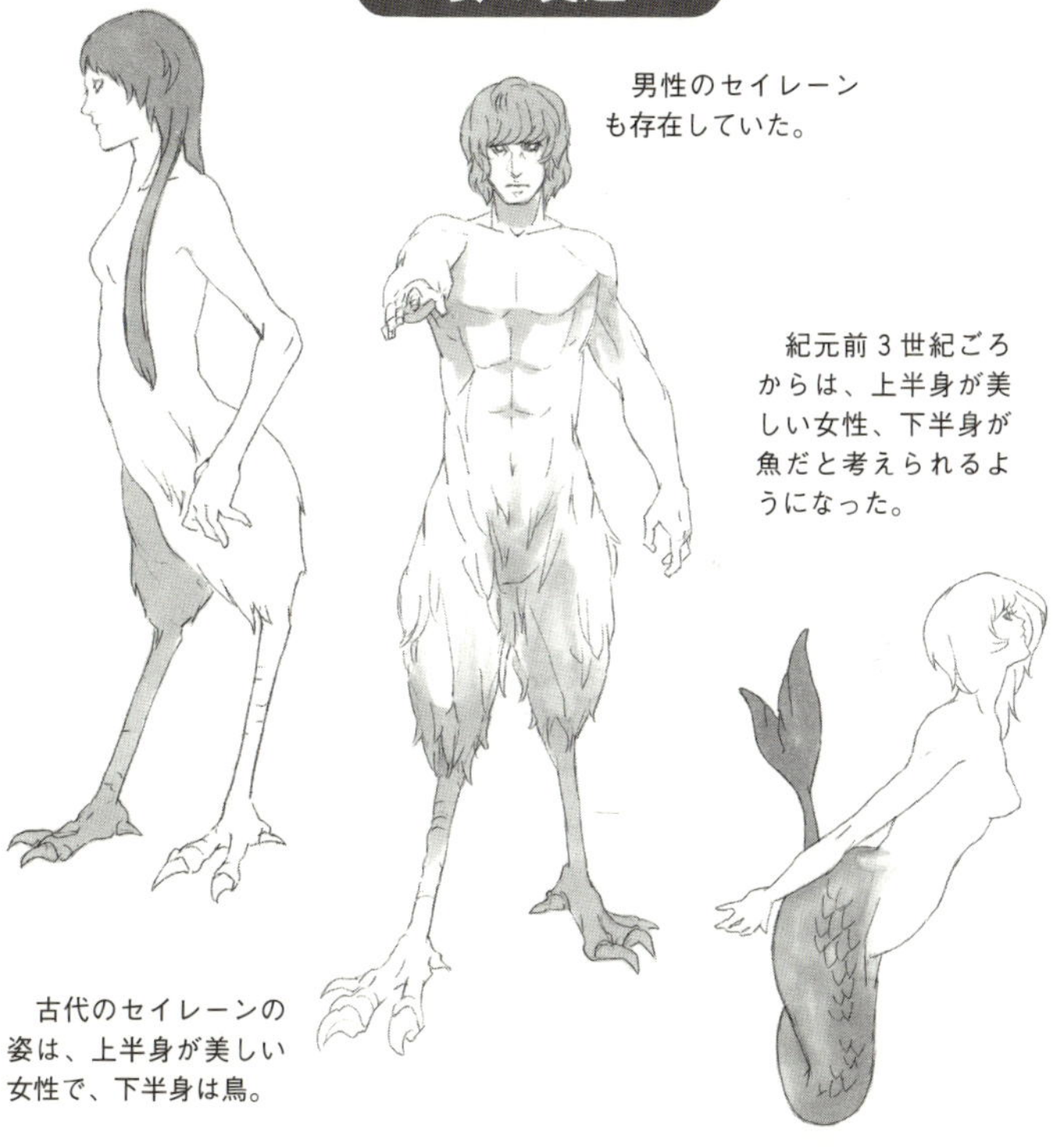

男性のセイレーンも存在していた。

紀元前3世紀ごろからは、上半身が美しい女性、下半身が魚だと考えられるようになった。

古代のセイレーンの姿は、上半身が美しい女性で、下半身は鳥。

海中で猛威を振るう怪物

クラーケン

実は大王イカが正体？

クラーケンは北欧神話に登場する海の怪物だ。ノルウェー語で「クラーク」は北極を意味し、北の海に住むものだと考えられていた。その姿には諸説があり、巨大なイカやタコ説、大海蛇説、エビやザリガニ説、ドラゴンの一種とする説、クジラ説など、さまざまな見解があった。排泄物には特殊な香気があり、そのにおいで魚が集まる効果があったという言い伝えもある。したがって、漁師にとってはクラーケンの住むところは豊漁をもたらすとも考えられてもいた。

デンマークの聖職者エリック・ポントピダンは、著書『ノルウェー博物誌』（一七五五年）の中に、クラーケンを実在する怪獣として目撃談を記している。それによると、大きさは小さな島ぐらいあり、「そのあまりの大きさに全体像を見ることは出来ない」、「吐いた墨のために、海面が真っ黒になった」と伝えられている。現代では、このクラーケンの正体はダイオウイカだったと考えられている。

前世紀まで実在を信じられていた

いずれにせよ船舶が未発達だった時代には、クラーケンは船乗りたちにとって間違いなく脅威だったようだ。風が吹かず、船の運航がとまったとき、クラーケンが船を触手で絡みとれば、小さな船はあっけなく沈没してしまう。触手で船乗りを摘み上げ、食べてしまうという言い伝えもあったが、イカは人を食べないので、実はおぼれ死にさせていただけだったのだろう。現代の船はエンジンで進むので、クラーケンの正体がダイオウイカなら特に恐れる必要もない。事実、クラーケンの被害にあったという話もめっきり聞かなくなった。

クラーケンの正体

文献によっては、クラーケンはタコやドラゴン、クジラとして紹介されている。結論として大イカになったようだ。

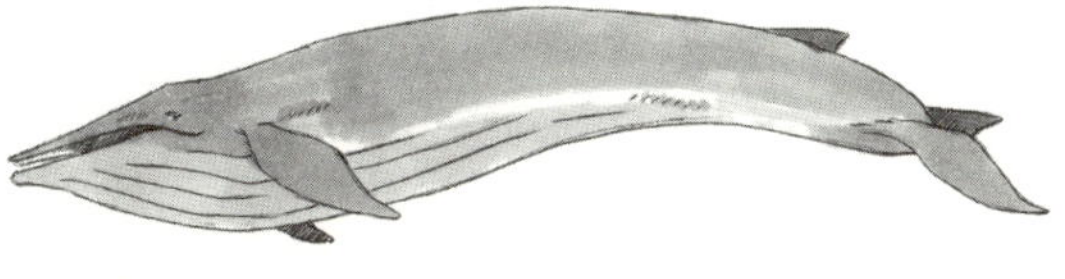

元人間が変化した巨大竜

ファーブニル

黄金の指輪に呪いがかかる

北欧神話に登場する、代表的な竜。**ファーブニル**は邪悪な竜で、地面を揺らすほどの巨体で、道々に毒を吐いていたという。ファーブニルは、もともとは**フレイズマル**という小人族の長男だったそうだ。あるとき、父親や弟とともに、アース神から手に入れた黄金と、黄金の指輪を手にすることになった。しかしその指輪は、あらかじめ**ロキ神**が「手に入れたものには災いをもたらすだろう」と予言していた邪悪なものだった。予言は的中し、フレイズマルは欲に目がくらみ、財産を独り占めしようとした。そのため、ファーブニルは弟と共謀して父親を殺害してしまう。それどころか、今度は弟までも追放してしまったのだ。

それでもまだ不安なファーブニルは、自分を恐ろしい竜の姿にかえてしまった。それ以来、荒野の洞窟に財宝を隠し、誰にも横取りされないよう黄金の上にとぐろを巻き、番を続けていた。水を飲みに川へ行くとき以外は、決してその場を離れなかったという。

豆知識　ニーベルンゲンの歌

英雄ジークフリートが描かれているものとして有名なのが、「ニーベルンゲンの歌」である。ドイツの国民的英雄叙事詩であり、英雄ジークフリートの死と、その妻クリエルヒルトの陰惨な復讐劇を描く13世紀の作品だ。

ジークフリートが退治

ジークフリートがファーブニルと戦うことになったのは、実はフレイズマルの弟**レギン**の差し金だった。刀鍛治でもあったレギンは、ジークフリートに名剣グラムを与え、竜を退治するように命じた。兄に横取りされた黄金を取り返すためである。

ジークフリートは川のそばに穴を掘って待ち伏せ、ファーブニルが水を飲むためにそこを通りかかったときに、下から心臓を貫いた。ファーブニルは、しばらくは応戦するものの、ジークフリートの名剣によって止めを刺されてしまう。ファーブニルは、ジークフリートがレギンにそそのかされて自分を殺したのだと知ると、この指輪にはのろいがかけられていて、持ち主は非業の死を遂げると警告し、息を引き取った。その言葉のとおりジークフリートも、のちには指輪のせいで非業の死を遂げることになる。

ファーブニルを倒したあと、ジークフリートはファーブニルの心臓をあぶるようにレギンに命令されたのだが、ジークフリートが指についた肉汁を飲んでみると、たちまちにジークフリートには小鳥たちの言葉が理解できるようになったのだ。小鳥たちの言によると、ファーブニルの心臓を食べるとこの世で一番賢くなれる、レギンを殺して黄金の財宝を独り占めするのが一番よいということであった。ジークフリートはそのとおりにし、レギンを殺し、黄金の兜とよろいを手にしたのだった。そして、指輪は愛の証として、プリュンヒルトに渡したのだが、そののち心変わりをし、その指輪をプリュンヒルトから取り上げクリエルヒルトという女性に渡してしまう。そこから長い争いが始まるのだが、「呪いの指輪は持ち主を不幸にする」というファーブニルの言葉をジークフリートがなぜ信じなかったのか、それが悔やまれるところだ。

神々が恐れる巨大な狼
フェンリル

オーディンへの脅威

北欧神話に登場する狼の魔物。神**ロキ**を父に、巨人**アングルボザ**を母に持つ。

巨大で恐ろしい狼の姿で、口をあけると下あごは大地をかすり、上顎は天に押し付けられるほどだったという。しかし最初から巨大な姿をしていたわけではないようだ。

あるとき神々は、女巨人アングルボザの三人の子供は、自分達神々や人間にとって災厄になるだろうという予言を受けた。そこで神々の王である**オーディン**は、夜のうちにアングルボダの館へと押し入り、彼等をアースガルドへと連れ去った。三人の子供のうち、ヨルムンガンドとヘルの二人は、すぐさま放り出されたのだが、フェンリルだけはごく普通の狼となんら変わるところがないように見えたので、そのままアースガルドの荒野に放免されたのだ。

しかし、フェンリルは日に日に成長し、見る見る巨大な狼になっていった。そしてついにある日、フェンネルがオーディンの命を奪うことになるだろうという予言が下ったのだ。

魔法の紐で生け捕り

一計を案じた神々は、魔力を持った紐を使い、フェンリルを生け捕りすることに成功し、フェンリルを岩に縛り付けた。以来、鎖を噛み切ろうとするフェンリルの口からよだれが流れ続け、ヴァン（希望）という川になった。この川が流れている間は、フェンリルが縛り付けられていて安全だったので、「希望の川」と命名されたのだった。

しかし、最終的にはその封印もとけ、オーディンを予言どおり倒してしまう。そのあとオーディンの息子に敵討ちをされるのだが、オーディンを倒されたことは他の神々にとっても大きな痛手だったに違いないだろう。

三つの鎖

神々は皮の戒めの意味を持つ「レージング」や、筋の戒めの意味を持つ「ドローミ」といった鎖でフェンリルを捕獲しようとする。

しかし、フェンリルは簡単に鎖を引きちぎってしまう。

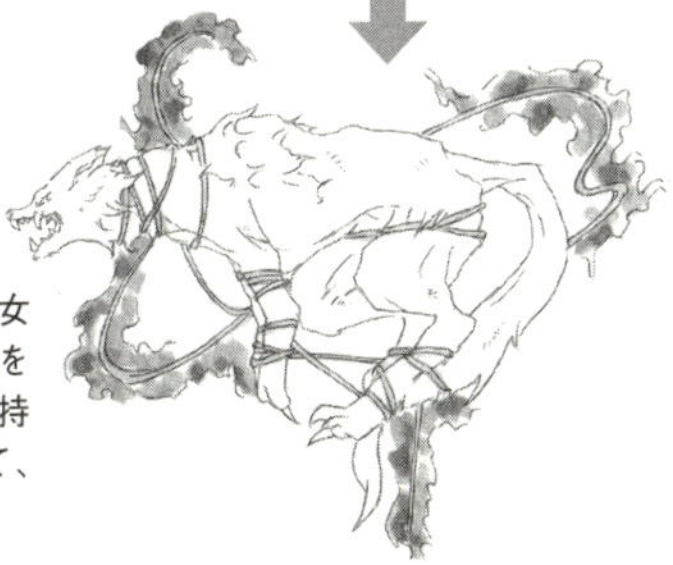

ついには、猫の足音、魚の息、女の髭、熊の腱、山の根、鳥の唾液を材料につかった、不思議な効力を持つ鎖「グレイプニル」をまとって、封印された。

ギリシア神話に登場する複合獣

キマイラ

実は妖艶な女性？

キマイラは、ギリシア神話の中で最も代表的な魔獣のひとつだ。キメラという呼び方もあり、**デュポーン**と**エキドナ**の間に生まれたとも、エキドナとその息子オルトロスの間に生まれたとも言われている。

キマイラがいったいどんな動物に似ているのか、形容が難しい。一般には頭と前足はライオン、胴体はヤギ、尻尾は蛇になっていると伝えられている。このほか、背中にはドラゴンの翼を持っているものもあるとされている。とにかく、数種の動物の複合体がキマイラなのだそうだ。また、口から火を吐く嵐の化身ともいわれ、トルコの古代都市・リュキアにある火山の近くに住んでいると伝えられている。

こんな恐ろしい姿をしているにもかかわらず、キマイラは実は女なのだそうだ。それもなぜか妖艶な姿をした女性がキマイラにたとえられることが多く、口から吐く火が愛欲の炎のようなのか、中世のヨーロッパでは娼婦の象徴として考えられ、文学者の想像力を駆り立ててきた。キマイラは奇想天外な創造の産物ともみなされ、ヨーロッパでは空想的な人のことを「キマイラを追いかけている」「キマイラ的な人」という表現もある。

ペレロポンに退治される

伝説によれば、火山の近くに住んでいたキマイラは、あるとき領主カリアの武器として利用されることになったらしい。カリアは敵王が支配するリュキアの町を襲うために、キマイラを仕向けて町を炎で焼き払わせていた。そこで、グラウコスの息子**ペレロポン**がキマイラを退治することを命じられ、天馬の**ペガサス**に乗って空中でキマイラと戦った。ペレロポンはキマイラの口に鉛を仕込んだ槍を突き刺し、キマイラが自分から吐き出す炎の熱で鉛が溶けるのを狙った。もくろみは成功し、自分の炎の熱で溶け出した鉛がキマイラの内臓に逆流し、焼け死んでしまった。こうしてペレロポンは見事にキマイラを退治したのだった。

天使
聖獣
悪魔
魔獣

キマイラの起源

最も初期には季節を司る聖獣として、獅子は春を、蛇は冬を、山羊は夏を表すとされていた。

リキュア火山の頂上には獅子が、中腹には山羊、麓には蛇が生息していたことから、キマイラが生まれたともいわれている。

オルトロス

双頭で狂暴な大型犬

巨人ゲリュオネウスの番犬

ギリシア神話に登場する双頭の大型犬。**オルトロス**は**デュポーン**と**エキドナ**の間に生まれ、ケルベロスとは兄弟関係にある。頭は二つあり、犬の頭のほかに七つの蛇の頭と蛇の尾を持っている。大きさは子牛ぐらいあり、ライオンよりも獰猛な性格であったそうだ。**ヘラクレス伝説**では、オルトロスはエリュティアという島で、**ゲリュオネウス**が飼っていた牛の番犬として登場する。

エリュティア島は虹の島とも呼ばれ、ギリシアのはるか西の果てにあったとされる伝説上の島だ。そこの住人ゲリュオネウスは上半身が三体に分かれている狂暴な怪物で、翼で空を飛ぶこともできた。しかし、このゲリュオネウスの飼っている赤い牛は、類なく美しいという評判で、人々の垂涎《すいぜん》の的でもあった。ヘラクレスはこの赤牛を生け捕りにしてくるという難業を与えられたのである。島にたどり着いたヘラクレスの匂いをかぎつけ、まっさきに襲い掛かったのがこのオルトロスである。

しかし、オルトロスは、ヘラクレスによって棍棒で打ち殺されてしまったそうだ。牛を盗まれたことを知ったゲリュオネウスはヘラクレスを追ったが、こちらも射殺されてしまう。

母と交わって怪物たちを生む

ヘラクレスに殺されるよりもずっと前に、オルトロスは母親であるエキドナと交わって、テーバイの**スフィンクス**、**ネメアのライオン**の父親となっている。ネメアのライオンは不死身の体を持った魔獣で、皮肉にもこちらもヘラクレスによって退治され、夜空に輝くしし座となった。ヘラクレスが肩にかけているライオンの毛皮は、このネメアのライオンだとも言われている。兄のケルベロスに比べるとややスケールが小さい観があるが、ともあれオルトロスはかなり昔から語り継がれ、人々から恐れられてきた魔獣であったようだ。

デュポーン、エキドナ系統図

ギリシア神話にて「父デュポーン」「母エドキナ」からは多くの怪物を生み出した。

古代インドに伝わる蛇型の悪龍

ヴリトラ

干ばつを引き起こす龍

ヴリトラはバラモン教の経典『**リグ・ヴェーダ**』で伝えられる大蛇、あるいは龍のことで、「障害」を意味する。アスラの王とも称されて、インドラの好敵手としても知られる。巨体を揺さぶらせ天から流れる川の水をせき止めることから、干ばつを起こす悪龍として知られる。

その姿は一言でいうと不気味で、漆黒の表皮が全身を覆い、黄色の目、裂けた口、時より見せる牙が鈍く光っている。まさに、ヴリトラはインドの自然そのもので、熱帯モンスーン気候特有の魔獣といえよう。毎年繰り返す乾季と雨季の循環は、地上に恵みをもたらす天空神**インドラ**との一騎打ちによって、様々なエピソードを作り出している。

繰り返されるインドラとの戦い

神話によれば、ヴリトラはインドラと対立していた工芸神**トゥヴァシュトリ**により創造されたものだといわれている。干ばつを引き起こすヴリトラを目の前にし、インドラは戦いを挑む。しかし、ヴリトラはまったく問題にせず丸呑みしてしまう。そのときインドラはヴリトラにあくびをさせ、命からがら逃げ出したという。

　そこで神**ブラフマー**に助けを求めると、**ダディーチャ**という聖《ひじり》の骨で**ヴァジュラ**という金剛杵を作り出せという。インドラはそのことを頼み込むとダディヤッチは快諾し、自ら命を落としてヴァジュラを作り出した。

　インドラはふたたび戦いに挑んだ。天地が動転する戦いの末、ヴァジュラがヴリトラの腹に命中し、せき止められていた天の水がその腹から流れ出たという。また一説によれば弱点である口の中を突かれ打ちのめされたとも伝えられる。いずれにしてもヴリトラが率いるアスラの一団は、復讐に燃えながら海の底へ逃げ込んでいき再起を誓った。

ヴリトラを倒したインドラ

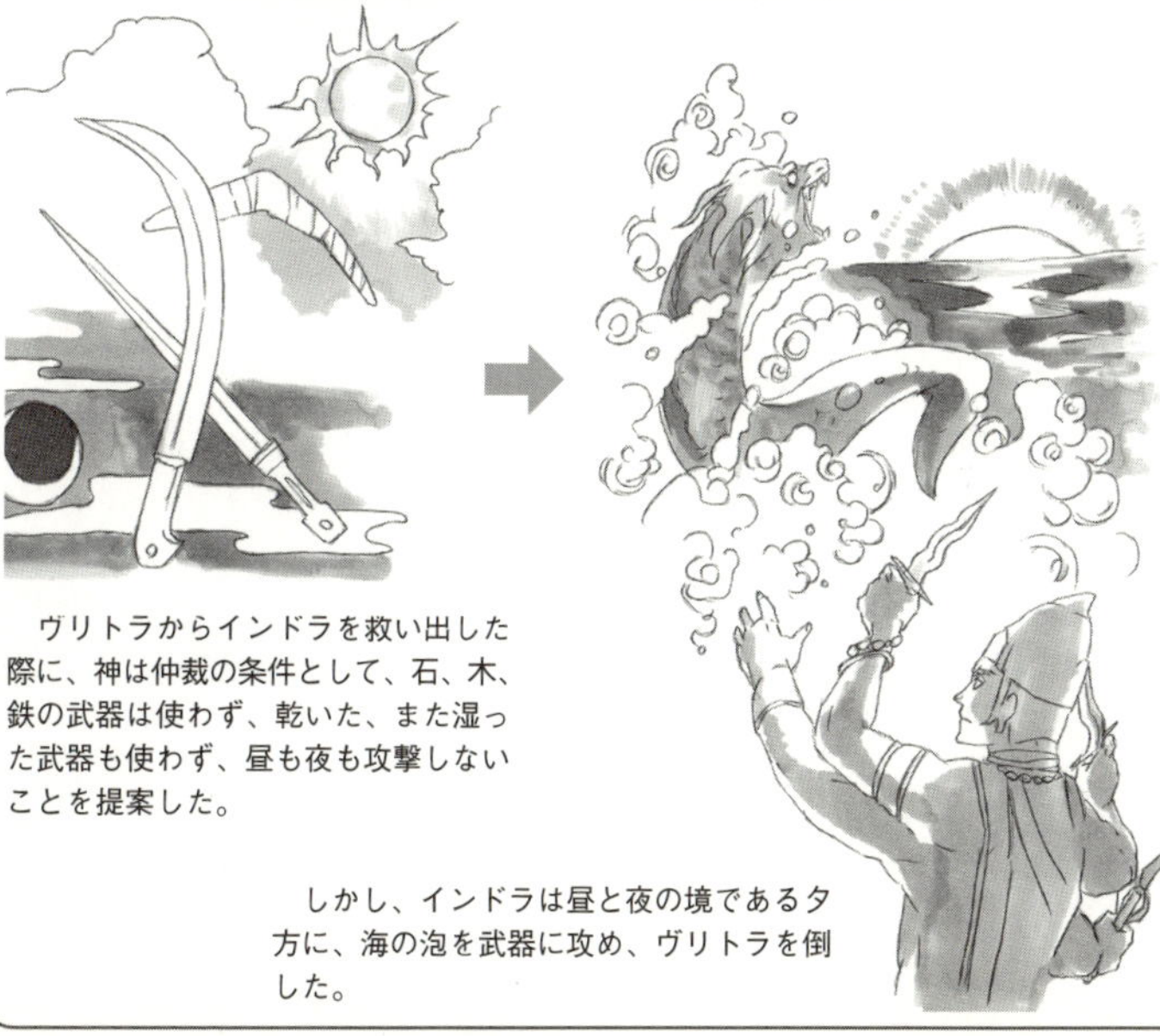

　ヴリトラからインドラを救い出した際に、神は仲裁の条件として、石、木、鉄の武器は使わず、乾いた、また湿った武器も使わず、昼も夜も攻撃しないことを提案した。

　しかし、インドラは昼と夜の境である夕方に、海の泡を武器に攻め、ヴリトラを倒した。

ヤマタノオロチ

記紀に登場する日本神話の巨大怪物

スサノオに退治される八頭八尾の大蛇

日本神話に登場する大蛇、**ヤマタノオロチ**。記述によれば目は赤いほおずきのようで、一つの胴体に八つの頭、八つの尾があり、その大きさは八つの谷、八つの峰にも渡るほど。その身は苔をむし、檜や杉を生やして腹を見るといつも血でぬるぬるとただれていたという。

出雲国の斐伊河《ひのかわ》に降り立った**スサノオ**は、箸が流れてきたことで上流に人が住んでいると思い川上に向かうと、アシナヅチとテナヅチという老夫婦が、**クシナダヒメ**という年頃の娘を囲んで泣いているのに遭遇する。スサノオがその訳を聞くと、老夫婦には八人の娘があったが、ヤマタノオロチが毎年やってきて食ってしまったという。そして、今年もオロチがやってくる頃となり、この娘もまた食い殺されてしまうのかと思い嘆き悲しんでいると答えた。

そこでスサノオは、娘を妻に迎えることを条件にヤマタノオロチを退治しようと約束する。そして、クシナダヒメを櫛に変身させて自分の角髪に刺し、老夫婦に強い酒を作るように命じた。さらに垣根を廻らせて、その垣根に八つの門をつくり、用意した台の上に酒を入れる桶を置いて、酒をいっぱい

にしておくよう命じた。ヤマタノオロチがやってくると、桶に頭をさしいれて酒をがぶがぶと飲み、酔っ払って横になって泥酔してしまった。それを見たスサノオは、十拳剣を抜きオロチをばらばらに切り刻んだ。すると、斐伊河はその血で真っ赤に染まったという。そしてスサノオが尾を切ったときに剣の刃がこぼれてしまった。不思議に思って見るとそこに太刀があるのに気がつき、その太刀を取り出し珍しがって**アマテラス**に献上した。これが、後にヤマトタケルノミコトの**天叢雲剣**《あめのむらくものつるぎ》である。

オロチ神話に見え隠れするもの

古くアジア一帯に伝わる神話には、龍を水をつかさどる神として崇める風習がある。すなわち龍神であるが、大蛇としてはしばしば人間に危害を加える魔獣としての姿が見え隠れしている。

古代日本におけるヤマタノオロチはその代表的な例で、水を支配する龍神をイメージしながら、大蛇としては季節によって河川の氾濫を起こし娘を殺めていく。クシナダヒメは稲田を表していることから、スサノオがめとったということは、稲作文化の浸透には治水が肝要であるとの教えであるともいえる。

ヤマタノオロチと鉄

ヤマタノオロチ退治は鉄を産出していた人々の征服話とも捉えられ、オロチが棲む川の流域が産鉄地であり、下腹部に滴る血が錆びた砂鉄で赤く染まったことに重ねられる。

ギリシア神話に伝わる九頭の怪物

ヒュドラ

ヘラクレスの難業の一つ

ヒュドラはヒドラやハイドラとも表される怪蛇の一種で、ギリシア神話に登場することで知られる。野獣の体をもちながら頭が九つあり真ん中には不死の頭を有していた。

そのヒュドラ退治で名を馳せたのが**ヘラクレス**が登場する。彼は**ヘラ**から憎まれていたため、ミケーネの王エウリュステウスの家来にさせられてしまう。王からは絶対服従を命じられ、そこで「ヘラクレスの難業」が課せられた。

ヒュドラの退治はヘラクレスの二番目の課題であった。ヒュドラの毒気にやられないように布で口を覆うと、棍棒を持ってヒュドラに立ち向かう。そして次々ヒュドラの首を落としていくのだが、驚くことに首を落としても切り口から二つの頭が生えてくる。

そこで彼は一計を案じ、甥のイオラオスに助太刀を頼んで首の切り口を松明で焼かせた。まんまと作戦がうまくいったと思いきや、真ん中にある一つのだけはどうにもならない。しかし最後には、ヘラクレスはその首を巨大な岩の下に埋めることができ、封印に成功したのだ。

天使
聖獣
悪魔
魔獣

ヒュドラの毒の威力

ヒュドラの胆汁からとられた毒は、ヒュドラそのものに匹敵するくらい恐ろしいものであった。戦いに勝ったヘラクレスは胆汁に矢を浸すと、棍棒に匹敵する武器を手に入れた。しかしこの毒矢はあまりに強力すぎたため悲劇が待っていた。

旅の途中で妻のデーイアネイラと川を渡ろうとしたとき、ヘラクレスが川渡しの任に当たっていたケンタウロスのネッソスにデーイアネイラを任せると、ネッソスが彼女をさらおうとした。そのためヘラクレスはヒュドラの毒矢でネッソスを射殺する。ネッソスは死の間際に、自分の血はヘラクレスの愛を永遠に受けとめる媚薬になるので、とっておくようにとデーイアネイラに言い残した。

ヘラクレスが処女イオレを奪おうとしているのを察したデーイアネイラは、勝利の儀式に着るローブにネッソスの血に浸してヘラクレスに送った。すると身につけたヘラクレスは、たちまちヒュドラの猛毒によって身体が蝕まれていく。死を悟ったヘラクレスは火葬の薪を積み、その上に身を横たえ炎に包まれて死んでいく。ヒュドラは最後に勝利したのだ。

ヒュドラと水

ヒュドラという名前はギリシア語で「水蛇」を意味し、ヘラクレスがレルネーの沼沢の開拓に苦心したことを意味した物語と考えられる。

ヒュドラはアルゴスの地を荒らしながら、泉が湧き出るレルネーの沼地に棲んでいた。この泉は、かつてアルゴス一帯が干ばつに見舞われたとき、アミュモーネがポセイドンから授かった三叉の矛で岩を打って湧き出たという言い伝えがある。しかし、ここに棲みついてしまったヒュドラは口から猛毒を吐いたので、レルネーの沼に近づいたものはことごとく命を落とした。

世にも恐ろしい猛毒の蛇

バジリスク

「王侯」を意味する狂気の蛇

バジリスクは、中東やヨーロッパで広まった伝説上の生物で、ギリシア語で「王侯」を意味している。つまり蛇界の王であり、強力な毒をもってこの世を征する力を有すると信じられていた。

古代ローマの偉大なる博物学者**大プリニウス**が書いた『**博物誌**』では、バジリスクはリビア東部のキレナイカに生息する二十四センチほどの小型の蛇で、頭上に王冠型の模様があると紹介されている。恐らくこの模様が“王侯”の由来になっていると思われる。

バジリスクの大きな特徴は、うねりながら歩行するのではなく体の半分を持ち上げて歩くというもので、その際に体に触れたり吐息が掛かると樹木は枯れ、石や岩の類は熱で砕けてしまうという。さらにバジリスクが持つ毒液は無色透明で、上空を飛ぶ鳥に吐きかけて落とすことができるという。

様々な容姿と邪眼の持ち主

この恐ろしい生物のうわさはたちまち広まり、中世の動物寓話集では様々な想像が加わってこの生物を特徴づけている。例えばトキが蛇を飲み込んだときに産まれたので、鳥と蛇が合体したような形

であると信じられていたり、雄鶏と蛇が合わさったコカトリスと混同されるようになっていて、このコカトリスとは雌雄関係にあるともいわれる。いずれにしても頭にトサカを持った蛇や八本足のトカゲなどの記述で紹介されるなど様々である。

　バジリスクの息の根を止めるには、天敵であるイタチと闘わせるか、若い雄鶏に鬨《とき》の声をあげさせ痙攣を起こさせる。さらには、邪眼の持ち主であるという特徴を逆手に取り、水晶玉や鏡に視線を反射させる方法などが伝えられる。

バシリスクの毒

　バジリスクは小さな蛇の姿だが、とんでもない猛毒を持っている、毒の塊のような魔物だ。

吐く息で一面の草木は枯れ、空を飛ぶ鳥も次々に落ちてくる。
バジリスクが口をつけた川の水は汚染され、その水を飲めば死んでしまう。
猛毒が体からあふれ出し、ついには視線にまでも致死作用を伴うようになった。

古代ローマにおける両頭の蛇

アンフェスバエナ

（アンフィスバエナ）

前後両方に進むことができる蛇

アンフェスバエナは、頭が尾の部分にもあると信じられた両頭の蛇で、その名は「両方向に進める」を意味するギリシア語に由来している。この怪蛇の特徴は古代ローマの書物に詳しく取り上げられている。**大プリニウス**の『**博物誌**』では頭が二つある理由について、一つでは足りないほどの毒液を吐き出すからだとし、エチオピアに生息していると記述している。

猛毒を持っている一方で、アンフェスバエナを捕らえれば薬になるともいわれている。また、尾が頭のように反り返る種の蛇をリビアの砂漠で目撃した旅行家が誇張して伝えたという説もある。当時の地中海沿岸を除くアフリカは未開の地で、魔術的な伝承もあいまって広まったのであろう。一説によれば足のないトカゲから想像されたものとか、ミミズトカゲの属名とする説もある。

もっと知りたい　紋章学入門

紋章は11世紀のドイツで、戦場における騎士の識別のために盾にマークを入れたのがその始まりだといわれている。盾を支える“サポーター”といわれる部分には、アンフェスバエナを含む、神話や空想上の動物も多く描かれる。現在でもヨーロッパにおいて、その家柄や家格、都市や国家をも象徴する大切なアイテムであり、紋章は騎士社会が確立すると急速に広まっていく。

神秘的な印象も与える

アンフェスバエナの前後をどう判別するかという点については、もちろんどちらにも進むことができるが、描かれるときには翼と足をつけて龍に似た格好で表現されることが多い。それによって前後が判別できるようだ。さらに尾頭を前の頭が口にくわえた形で描かれるのをよく目にするが、このような車輪のように地面を転がって進むとされる。

春先のイタリアの田園風景で、何万もの回転するアンフェスバエナが登場し、襲撃されたとの言い伝えが数多く残っている。

このような両頭の蛇は、長い間ヨーロッパの人々に神秘的なイメージを与えていたようで、印章や紋章のデザインとしていろいろな形でデザイン化されている。

猛毒と治癒の作用

アンフェスバエナの猛毒性は、時として治癒の効果をもたらす。乾燥させた皮膚はリウマチの治療に使われ、生きたままのものは妊婦のお守りとした、とローマ時代の書物に書かれている。

混乱している不安定な野獣

渾沌

（こんとん）

天地開闢で生まれたカオスの象徴

渾沌《こんとん》は何もせず空を仰いで不気味に笑っているだけである。目はあるが、見えていない。耳もあるが、聞こえていない。犬のような長い毛で羆に似た足を持っているが、歩いても走っても決して前に進むことはなく、自分の尻尾を咥えてはひたすらグルグルと回る。弱者には衝突し、強い者には依拠する性格はわけがわからないとしか言いようがない。

渾沌は混沌に通じている。善悪や徳、不徳、事象の判断などは渾沌にとって意味がない。すべてが漠然としていて、文字通りのカオスである。本来の渾沌は凶獣ではなく、さだまらない天気のように先の見えない概念が体現された生き物であった。渾沌の不安定な様子が時代の揺れに共鳴し、不愉快な悪行を肉付けされたと考えられる。

四凶

かつて中国には4つの邪悪な種族が存在していた。渾沌《こんとん》、饕餮《とうてつ》、窮奇《きゅうき》、檮杌《とうこつ》はいずれも古代皇帝の愚昧な子孫である。常軌を逸して暴虐の限りを尽くし、人々を脅かし続けていたため、いつしか四凶と呼ばれるようになった。

卑怯で半端な野獣

饕餮（とうてつ）

欲に溺れる戒めの象徴

四凶の中で最も卑怯な性格を持つのが饕餮《とうてつ》である。人間の顔をしているが、その姿態は牛か羊に似て、曲った角、虎の牙をもっている。人間でもなく、獣でもない饕餮は野性味や凄みに欠く。「饕」は利益に執着する醜い様子を、「餮」は飲食を貪る卑しさをそれぞれ意味している。生まれながらに貪欲であり、財産を増やすことだけを喜びにし、蓄財の方法は略奪のみである。また、異常な食欲を持ち、何でも一気に食べ尽くしてしまう。

ある説では、中国神話の中で妖怪軍を率いて黄帝に反逆した蚩尤《しゆう》の化身とされている。古代中国の人々が欲望の自制や飽食の戒めとして、饕餮、あるいは蚩尤を彫刻した青銅器がいくつも見つかっている。

もっと知りたい　饕餮の別名

饕餮は老弱な者を標的に略奪し、多勢や強者には近付かない性格である。そのため、彊奪《きょうだつ》（強引に奪う）や凌弱《りょうじゃく》（弱者を虐げる）という別名を持っている。

悪を好み東奔西走する猛虎

窮奇（きゅうき）

容姿の変化と偏僻な性格

中国最古の地理書『**山海経**』の西山経によると、**窮奇**《きゅうき》は牛のような姿で針鼠のような毛を持ち、声は犬が鳴くように、そして人を食らうとある。『海内北経』では、虎に似た体で、前足付け根辺りに一対の羽があると記載され、窮奇の姿態に変化が見られる。

機敏な飛行能力があり、かぎ状の爪ととがった牙で人間を襲う。ただ人間を襲うだけでは悪が効かないため、争いが起こればその場所に現れ、正しいほうを食い殺す。忠義な振る舞いや審議を重んじる者がいれば、そこに赴いて鼻を噛みちぎる。邪魔な者に加担し、悪行には褒美の獣を差し出すこともある。

もっと知りたい　変遷

窮奇はもともとひねくれた性格ではなく、悪への迫力を求めた古代中国の時流によって邪僻さが付加され、魔獣に変化している。本来は人間の言葉を理解し、中国の西の辺境で魑魅魍魎から人々を守る聖獣であった。

人語を理解する智慧の聖鳥

檮杌

（とうこつ）

退却を知らず暴れ回る

檮杌《とうこつ》は中国神話に登場する四凶の中で、最も誇り高い気風を放っている。外貌は人の顔をした虎だが、虎よりも格段に大きく、猪のような牙と長い尻尾を持つ。見るからに凶暴な姿だが、中身については獣心と言い切れない部分もある。この獣人は尊大で非情に頑固な性格で、人に教わることを嫌い、まったく話を聞こうとしない。そのため、「難訓（教えるのが難しい）」という別名もある。

また、戦いでは退却することを知らず、死ぬまで向かっていく屈強な心を持っていた。常に平和を乱してはいたが、向こう見ずな性格も反骨精神に結び付けて考えれば、孤高の戦士という表現が似合うのかもしれない。

豆知識　倒壽

「神異経」に登場する倒壽《とうじゅ》は中国の西に生息し、人間の顔で虎の姿をしている。死ぬまで戦う気性も檮杌と共通している。知能が高く、人間が仕掛ける罠を容易く見破るため、捕獲は困難を極めた。

索引

●監修者紹介　荒木 正純
［あらきまさずみ］
東京教育大学大学院博士課程中退（英文学専攻）。現在　筑波大学人文社会科学研究科教授。博士（文学）。著書『ホモ・テキステュアリス』（法政大学出版局）、訳書K. トマス『宗教と魔術の衰退』（法政大学出版局）S. グリーンブラット『驚異と占有』（みすず書房）R.E.ヴィリー『魔女と魔術の事典』（原書房）など。

●編集協力・執筆 ——— スタジオダンク
根本和子
遡倉哲
●デザイン・DTP ——— 荻原企画（荻原郁子）
●イラスト ——— 杉本緑（天使）
双月氷雨（天使）
七片藍（聖獣、魔獣）
本介（聖獣、魔獣、悪魔）
ＭＡｒ（悪魔）
川上潤（悪魔）

知《し》っておきたい天使《てんし》・聖獣《せいじゅう》と悪魔《あくま》・魔獣《まじゅう》

●監修者 ——— 荒木 正純
●発行者 ——— 若松 範彦
●発行所 ——— 株式会社西東社《せいとうしゃ》
〒113-0034 東京都文京区湯島2-3-13
営業部：TEL (03) 5800-3120　FAX (03) 5800-3128
編集部：TEL (03) 5800-3121　FAX (03) 5800-3127
ＵＲＬ：http://www.seitosha.co.jp/

ISBN978-4-7916-1489-9